中國學術思想 研究輯刊

十 編

林慶彰 主編

第 10 冊

《莊子·天下篇》研究

楊日出 著

花木蘭文化出版社

國家圖書館出版品預行編目資料

《莊子‧天下篇》研究／楊日出 著 — 初版 — 台北縣永和市：
花木蘭文化出版社，2010〔民 99〕
序 2+ 目 2+164 面；19×26 公分
（中國學術思想研究輯刊 十編；第 10 冊）
ISBN：978-986-254-339-9（精裝）
1. 莊子　2. 研究考訂
121.337　　　　　　　　　　　　　　　　　99016450

ISBN - 978-986-2543-39-9

9 789862 543399

中國學術思想研究輯刊
十　編　第　十　冊　　　　　　　　ISBN：978-986-254-339-9

《莊子‧天下篇》研究

作　　者　楊日出
主　　編　林慶彰
總 編 輯　杜潔祥
出　　版　花木蘭文化出版社
發 行 所　花木蘭文化出版社
發 行 人　高小娟
聯絡地址　台北縣永和市中正路五九五號七樓之三
　　　　　電話：02-2923-1455 ／傳真：02-2923-1452
網　　址　http://www.huamulan.tw 信箱 sut81518@ms59.hinet.net
印　　刷　普羅文化出版廣告事業
封面設計　劉開工作室
初　　版　2010 年 9 月
定　　價　十編 40 冊（精裝）新台幣 62,000 元

《莊子‧天下篇》研究

楊日出　著

作者簡介

楊日出，男，民國 31 年出生於臺南縣新營郡柳營庄小腳腿保健組合宿舍。先後畢業於臺灣省立成功大學中國文學系及高雄師範學院國文研究所碩士班。志學以來，每感師友親人，對我啟沃實多。歷任斗六中學教師、師專講師、嘉義大學副教授；現為嘉義大學中文系兼任副教授。教學之際，偶亦不敢太疏於筆政。比年所撰除《楊慎生平及其文學》外，另得〈明楊慎興教寺海棠詩析疑〉、〈論杜甫詩史與史家四長〉、〈明人楊升菴的讀書與寫作生涯考論〉等篇，常思用此就教於大方之家。

提　要

　　莊子天下篇本是一部南華真經的具體而微，同時也是一幅先秦學術、百家思想發榮滋長的卷軸，展現一派百川灌河的瓌瑋氣象。

　　本研究首先提供天下篇這一把金鑰──以卮言為曼衍、以重言為真、以寓言為廣，可以開啟漆園的神奇世界，更可據以盱衡道家者流的原始與要終。

　　其次，推斷天下篇初稿乃莊周晚年所完成，並非荀卿「序列著數萬言」，後來闌入莊書成為「天下篇」者，按荀子著書態度之嫉濁激憤，究竟與莊子天下篇之「莊語」迴異其趣。

　　另外，再論天下篇所傳正是道家的思想，毋庸置疑；而「惠施多方」以下是否原屬天下篇問題，但須質之二事，便可迎刃而解。一則，惠施的方法論，乃百家學術共享的資源，名學自然成為當時的顯學；再則，揆諸史乘（如國策、呂覽），知惠施忠君輔政，愛惜民力與官費，以至懷抱氾愛萬物的高度理想，莫非與古道術「以仁為恩」相毗鄰？ 此所以天下篇以惠施作結，其章法佈局，更見深閎矣。

　　最後，揭示天下篇影響後世至深且鉅者，舉其犖犖大端，則莫先乎「內聖外王之道」此一名義。蓋中國之一切學術，一切思想，稽考前言往行，大率歸本內聖外王而取精用宏。至於後世學者仍不免有誤解莊子學說及道家思想猾稽亂俗者，不妨持天下篇的莊語之說以衡鑑之，或幸能還其本真！

目次

序

　　夫莊子天下篇固莊子書中之神奇者，亦天下書中之神奇者也；乃後世暖暖姝姝之士，或壽陵學行之餘子，恆昧乎莊生知本之意，而相率逐其幻怪之名，則彼且數數然將化神奇為臭腐矣。是以清陸樹芝曰：「自來說莊者只因看此篇不明，故于南華大旨茫然。」而吾人亦可得而言之，曰：「只因看此篇不明，故于古代天下之學術思想茫然。」亟思明其所不明，此則本篇論文之所由撰述者也。茲簡介其要，約有四端：

　　爰自今本莊子之置天下篇於雜篇之末也，學者不免師其成心，以謂非莊生之醇；實則天下篇精蘊獨到，不僅莊子之具體而微者，矧亦堪於「鉗揵九流，括囊百氏」（借成玄英〈莊子序〉語）；按其脈絡，皆足以稽其實質，而袪除惑乎名者之失，亦所以明莊子之達道也。此其一。

　　天下篇之作者，趙宋以降，疑之者漸眾，而認為非莊生所作之議論，迄於晚近，幾有甚囂塵上之勢，然而或持一隅之詞，或作想當然耳之臆，卒未能犁然有當於人心；今綜觀天下篇其思想特質、其批評方式、與文體組織、產生時代等，斷斯篇之原稿乃深契道家思想要妙之莊周，其晚年之所作，亦所以明莊子之體道也。此其二。

　　莊子雖「恣縱不儻」，而天下篇立論之要本既歸於老子道德之言，且二人之道，就義理或校勘而論，皆「未至於極」，與大易終於「未濟」之意，若合符節，則以莊生為「毀人自譽」之說可寢矣；至於諸子是否出於王官，亦可由天下篇「古之道術」一語獲致若干啟示。凡此皆可循分析與比較之途徑，以證成天下篇「衍義精確」之不虛，亦所以明莊子之論道也。此其三。

　　一語而能包舉中國全部學術者，即天下篇所謂「內聖外王之道」也。惜一般人皆以平常語忽之。今則詳其原委，發其隱約；至莊生或道家歷來不見

諒於士林者，倘知有取於天下篇之莊語，則其誤謬亦當可迎刃而解。天下篇對後世之影響有如是者，亦所以明莊子之合道也。此其四。

然則，莊子之所好者道也，內聖外王之道也，不亦明乎？余雖嚮慕斯道殷矣、久矣，而未嘗知道之微旨。迨比年負笈本所，聞瑞安　林師耀曾授中國學術流變中老、莊之遺風而悅之，嗣又以莊子天下篇之重要見喻焉，至是而中心乃稍有所得，遂不揣譾陋，勉成斯篇。余之操觚期間，荷蒙　林師之詳予審稿、諄諄指點，並時獲諸位　師長之垂詢關注以及　雙親大人與內子王秀鈴老師之多方鼓勵與支援，方得以南北行役於恩恩兩載之間，今且修業期滿在即，則其感激之情，何翅春氣之弘大，秋水之浩蕩！

　　　　　歲次己未孟夏之月楊日出謹序於省立高雄師範學院國文研究所

緒　論

　　自有生民以來，吾國學術之足以振古與夫思想之足以鑠今者，其在東周乎！

　　蓋東周之前期由於「天子失官，學在四夷」〔註1〕，學術漸行流落民間，甚至諸夏之外，思想亦以無力統一，得獲自由。故孔子博愛行仁，懸三代五帝之郅治爲大同理想，而老子絕學不仁，舉遠古樸素之小國寡民爲無爲境界，至於戰國初期倡兼愛、非攻，背周道而行夏政者，此又墨子之苦行主張也。其後，周室益衰，各家學說蠭起，皆欲以其學術移易天下，百慮激盪，而學術思想亦愈見分歧矣；惟所謂「分歧」，以之言諸侯力政，王綱廢弛，誠屬陵夷衰微之象，若就全體文化而論，未始非民智進步之徵〔註2〕。況其時學術思想之紛然雜陳，但有偏全之異同，緩急之立論，絕非實質之支離；殆諸子百家之隱有所本者，莫非六藝之所該也〔註3〕；然則諸子之所以持之有故，言之成理，用恣肆其說者，似爲萬殊，實總歸六藝之一本耳。夫六藝者，彌綸天地，知通疏遠，凡宇宙人生之眞理，幾靡不備載，而百家既各得道體之一端，就其所見到處，逐漸推廣，或變本而加厲，或踵事而增華，對於六藝，頗多知新創革，互有發明，相得益彰，吾國自古及今，至精之政論，至深之哲理，至美之文章，遂並在其中，百世之後，所以研窮終不能盡，而周秦之際，所以爲吾國文化最燦爛，學術思想最興盛之時代者〔註4〕，當緣此也。故錢賓四

〔註1〕見《左傳・昭公十七年》孔子語。《春秋經傳集解（相臺岳氏本）》（臺北：新興書局，民國53年10月新一版）頁333。
〔註2〕見柳詒徵《中國文化史》第二十二章「周代之變遷」。
〔註3〕見章學誠《文史通義・詩教上》。
〔註4〕見嵇哲《先秦諸子學》，頁1。

先生以爲中國學術思想之奠定，厥在先秦時代，其言云：

> 大要言之，中國學術思想之態度與傾向，大體已奠定於先秦。一曰
> 大同觀，王道與霸術，即文化的世界主義與功利的國家主義之別也。
> 先秦思想趨嚮前者，以人類全體之福利爲對象，以天下太平爲嚮往
> 之境界，超國家、反戰爭。秦漢大一統政府，在當時中國人心目中，
> 實已爲超國界之天下也。二曰平等觀，階級與平等，即貴族主義與
> 平民主義之辨。先秦思想趨向後者，而以仁愛中心的人道主義爲之
> 主。舉其著者，如孔子之孝弟論、忠恕論，墨子之兼愛論，惠施之
> 萬物一體論，莊周之齊物論，許行、陳仲之並耕論、不恃人食論，
> 孟子之性善論，荀子之禮論，皆就全人類著眼，而發揮其平等觀念
> 之深義者也。三曰現實觀，天道與人道，即宗教與社會之辨。先秦
> 思想趨嚮後者，莊老之自然哲學，其反宗教之思辨最爲徹底。人生
> 修養之教訓，社會處世之規律，爲先秦學說共有之精采。教育主於
> 啓發與自由，政治主於德感與平等，對異民族主於與我同化與和平，
> 處處表示其大同之懷抱，此乃先秦學術共有之態度，所由形成中國
> 之文化，摶成中國之民族，創建中國之政治制度，對內、對外，造
> 成此偉大崇高之中國國家，以領導東亞大地數千年之文化進程者，
> 胥由此數種觀念爲之核心，而亦胥於先秦時期完成之也。〔註5〕

錢先生以史學之觀點，自「大同」「平等」與「現實」三方面考察先秦學術思
想之重要性，認爲先秦各家之趨嚮者，不論人生、社會、教育、政治，同以
此數種觀念爲之核心，是吾人又知諸子百家之分別流派，自有其始末因果之
意義也。

先秦四百餘年間之學術思想，其影響後世至深且鉅，既如上述矣，吾人
今日欲自故籍中，專擇一論述此期學派之著作，俾能得其眞相，識其大觀者，
則莫若莊子之天下篇也。新會梁任公云：

> 批評先秦諸家學派之書，以此篇（按指《莊子‧天下篇》）爲最古，
> 後此有《荀子‧非十二子篇》及〈解蔽篇〉、〈天論篇〉各數語，有
> 《淮南子‧要略》末段，有《史記‧孟子荀卿列傳》中附論各家，
> 有〈太史公自序〉述司馬談〈論六家要指〉，有《漢書‧藝文志》中
> 之〈諸子略〉。天下篇不獨以年代之古見貴而已，尤有兩特色，一曰

〔註5〕見錢穆著《國史大綱》，頁83，第三編第七章「大一統政治之創建」。

保存佚說最多，如宋鈃、慎到、惠施、公孫龍等，或著作已佚，或所傳者非眞書，皆藉此篇以得窺其學說之梗概。二曰批評最精到，且最公平，對於各家皆能擷其要點，而於其長短不相掩處，論斷俱極平允，可作爲研究先秦諸子學之嚮導。〔註6〕

「最古」固不必「至善」，然而對所批評對象之面貌，其目所親覯，耳所傳聞者，往往自有後人所不能及者，〈非十二子篇〉等所評諸子之家數與範圍，似乎多而且廣，然皆不如〈天下篇〉之「頗能絜當時學派之大綱」〔註7〕也。其尤爲重要者，當是其批評態度。《荀子》書中，按其內容，大約總以「性惡」爲思想基石〔註8〕，凡所立論，不免失之激切。《淮南子‧要略》與司馬談〈論六家要指〉「所講的是當代之學，而不是述古之學」〔註9〕，亦純以漢初文、景二代實際政治爲思想背景，已不復先秦學術思想之舊觀。《漢書‧藝文志‧諸子略》原本劉歆《七略》，向、歆父子值漢武崇儒之後，身爲宗室，又爲儒者，不崇儒是反功令而自小其道〔註10〕，且其時所謂「儒」亦與春秋戰國以來之儒似是而實非，居心有偏，所論不能醇正可知。至於《韓非子‧顯學》一篇，顯「霸術」之學耳，〔註11〕推〈顯學〉否認民知之有用，其論學之心術猶如其法術，明矣。乃反觀《莊子‧天下篇》評判諸家，分百家之學爲六派，各述其要旨，評其得失，辨析微芒，見高而識遠，文奧而義豐，爲後世論學者所取法，其批評之態度，不師成心，率任自然，力求客觀超然，豈有「毀人自譽」〔註12〕之理？而其批

〔註6〕見梁啓超著《諸子考釋》，頁2。

〔註7〕見梁啓超《中國學術思想變遷之大勢》（臺北：臺灣中華書局，民國66年）頁16。

〔註8〕楊筠如著《荀子研究》，第一章論及荀子書中思想矛盾地方甚多，皆援性惡篇思想爲之評量，其中並引陳登元君所懷疑之「非十二子篇忍情性，綦谿利岐（按，亦作跂），荀子分異人爲高，不足以合大眾，定大分，……是陳仲史鰌也」及「大略篇義與利者，人之所同有也」，「覺得與性惡論的思想不對」，足見荀書其餘所論，其出發點不離性惡之論也。

〔註9〕見戴君仁先生〈雜家與淮南子〉一文（原載《幼獅學誌》七卷三期，並收入《淮南子論文集》第一篇）。

〔註10〕見《漢書藝文志問答》（葉長青著）

〔註11〕見熊十力氏《韓非子評論》，頁2。其言曰：「韓非子之學本出荀卿，從荀卿轉手，乃原本道家，而參申、商之法術，別爲霸術之宗。」

〔註12〕見林雲銘《莊子因》天下篇末評述。按莊子之評論由古之道術及於百家方術，莊周乃最近道術之方術，卻又以爲「未之盡者」，蓋未悉得道術之全者也。故郭子玄注云：「莊子通以平意說己，與說他人無異也；案其辭明爲汪汪然，禹亦（拜）昌言，亦何嫌乎此也！」

評之目的，由於既未有前述諸人之背景與動機，又深知學術思想分派之眞相〔註13〕，乃發爲「內聖外王」之說，以之闡「道」之量，而持以爲揚摧諸家之衡準〔註14〕，並以之深包大道之本，以爲「百家雖裂道於多方，而大體未始有離也」〔註15〕。是故，將欲以上古學術思想分類學史之嚆矢稱斯篇亦可〔註16〕，將欲以之直接觀照諸子，亦可，又將欲以之反求莊子平生志趣與人格之卓絕超逸者，亦無不可也。

　　職是之故，後世凡知充實不已之學者，於追跡南華逍遙之餘，斷不忽於天下一篇之微言大義，甚且更視此篇爲莊子書之代表。今人張默生云：

　　　　天下篇，是古代論學術派別的一篇最重要的文字，就是脫離開莊子書，也可稱得起一篇獨立的偉著；不過總觀這篇的立論，却可當得莊子書的一篇總序。莊子是主張齊物的人，所謂物論，大半是指當時各家的學說，他在本書的各篇中，雖是恣意攻擊或嘲笑各家的學說，但沒有明顯的爲他們確立一種地位；而在天下篇中，才明明白白的把各家學說來了一次嚴正的批評，甚且連他自己也批評在內。〔註17〕

所謂「恣意攻擊或嘲笑各家的學說」，正是莊子「恣縱不儻」之一面，世俗之人對此謬悠、荒唐、無端崖之言辭，果眞能意會其「天鈞」乎？尤以一曲之士，昧於莊子之正言若反，不能暢其宏旨，而妄竄奇說〔註18〕，故莊子不得已復著天下之篇，隱括其精意，遂用言傳；天下既已大亂，苟欲以學術濟之，此其時矣，何能「無言」？雖然，莊子之英文偉詞固卒歸於「言無言」也。

　　天下篇之批評各家，一改本書中其他各篇之「剽剝」，而出之以「嚴正」者，當是此篇之批評各家，立意非但不在排遣諸家學說，反而臚陳其精粗得失，用供採擇，同時又自然藉此建立一己之學說？然則莊子全書之深柢與精

〔註13〕莊子以爲古之所謂道術者皆原於一，故知學術思想之分別流派爲「百慮殊途」，而終將「一致同歸」，特天下之治方術者又皆以其有，爲不可加矣；若皆不可加，則天地之純古人之大體卒不可見，故不得不生「悲夫」之嘆，此之所歎，蓋歎天下之人以偏曲之方術欲概全體之道術耳。

〔註14〕見錢基博《讀莊子天下篇疏記》總論「是故內聖外王之道」一節作者按語。

〔註15〕見李元卓〈莊列十論〉古之道術論第九，出台北藝文印書館發行《百部叢書集成》。

〔註16〕見姚名達著《中國目錄學史》，頁65。

〔註17〕見《莊子新釋》上冊莊子研究答問頁19。

〔註18〕見〈莊子考〉（日人武內義雄著，王古魯譯）所引〈高山寺本莊子殘卷〉天下篇末，原郭象注三十卷本序錄文。

蘊，胥在是篇存焉。清郭嵩燾云：

> 天下篇莊子自言其道術「充實不可以已，上與造物者遊」，首篇（按
> 即逍遙遊篇）曰逍遙者，莊子用其無端崖之詞以自喻也。〔註19〕

謝无量云：

> 莊子之大義，在於逍遙肆志，無爲而自得。〔註20〕

今人王叔岷先生亦云：

> 莊子本五十二篇（見漢志，及《呂覽·必己篇》高誘注），今所存者，
> 僅郭象刪訂後之三十三篇，然其大旨，尚可尋索。天下篇莊子自述，
> 言其「上與造物者遊」，其書第一篇，又以逍遙遊名，審此遊字，義
> 殊鴻洞。詳讀各篇涉及遊字之文，尤復不少，其一切議論譬喻，似
> 皆本此字發揮之。故天下篇自述，歸結亦在此字，則莊子辭雖參差，
> 而此遊字，實可以應無窮之義而歸於大通之旨也。〔註21〕

諸家學說咸思遊於道術之領域而以有爲之故，每自遠於道術，獨莊子學說知
無爲之大用，知無待之所以遊無窮，以是最近道術。故莊子之大意，固於天
下篇評莊周一段，足以見之〔註22〕，亦必就天下篇之全文而得其意，始可曲
盡其神妙之致，然後於莊子一書之要，庶幾可以謂之「思過半矣」〔註23〕；
故或有以此篇爲〈莊子要略〉之變名者（說見譚戒甫〈現存莊子天下篇的研
究〉）。郭子玄以爲莊子「爲百家之冠」者，或亦由於天下篇之堪於提挈莊書
之總綱，究詰莊子之原委耶？其序《莊子》之言云：

> 夫心無爲，則隨感而應，應隨其時，言唯謹爾，故與化爲體，流萬
> 代而冥物，豈曾設對獨遘而游談乎方外哉！此其所以不經而爲百家
> 之冠也。然莊生雖未體之，言則至矣。通天地之統，序萬物之性，
> 達死生之變，而明內聖外王之道，上知造物無物，下知有物之自造
> 也。〔註24〕

子玄註莊子，後世或有「郭象注莊子，抑莊子注郭象」之疑惑，殊不知郭象
之所以爲郭象，即緣於其人對莊子之深具特識，卒成注莊一家之言，故「自

〔註19〕見清郭慶藩《莊子集釋》，逍遙遊篇目下集釋所按「家世父侍郎公」語。
〔註20〕見謝氏《中國哲學史》，頁 154。
〔註21〕見王氏所著《莊學管闚》（莊子通論部分）。
〔註22〕見蔣伯潛《諸子與理學》，頁 88。
〔註23〕同註 22。
〔註24〕見郭象〈莊子序〉。

有莊子以來，善讀其書者，莫司馬遷若；善註其書者，莫郭象若」〔註25〕也。
前述子玄注莊子序所言之「應」「化」「冥物」「游談方外」以至「明內聖外王
之道」，細玩其意，莫非天下篇之「莊語」差可該之？故天下篇之足爲莊書之
冠，一如莊子之爲百家之冠也！唐君毅氏云：

> 爲此文者，其心胸至博大而高卓，而所嚮往之古之道術，亦爲六通
> 四闢，而至全備，而能稱神明之容者。故其文章，亦見一超出于諸
> 子之上，而更加以涵蓋之氣象，而爲一綜貫諸子之學，而論之之大
> 文也。〔註26〕

唐氏此語假「原道」之觀點，所見之天下篇其文章其氣象有如是者，是繼熊
十力氏之見解〔註27〕，更抉發其微，而駸駸乎有以天下篇爲諸子弁冕之勢歟？
實則近古之學者，即多以爲天下一篇，該括萬物之義，用表莊子救世之心者〔註
28〕，又明陳深並直截指出，天下篇爲「平易倘蕩，疏暢繩墨之文也」〔註29〕，
則「繩墨」者，諸子之學之繩墨，不亦明乎！

居今之世，吾人若欲考求先秦學術思想之崖略，探究中國學術思想源流，
則索之簡冊，莫能先乎莊子天下篇也。故近人顧實氏於其《莊子天下篇講疏》
自序乃揭櫫此意，其言云：

> 莊子天下篇者，莊子書之敘篇，而周末人之學案也（舊曰學案，今
> 曰學術史）。不讀天下篇，無以明莊子著書之本旨，亦無以明周末人
> 學術之概要也。故凡今之治中國學術者，無不知重視天下篇，而認
> 爲當急先讀破也。

又云：

〔註25〕見甘蟄仙〈莊子研究歷程考略〉一文，載上海商務印書館發行《東方雜誌》
第二十一卷第十一號頁94～100。

〔註26〕見唐氏《中國哲學原論原道篇》頁625。

〔註27〕見熊氏《原儒》上卷〈原學說〉。其言云：「天下篇論晚周學派，於各家皆深
入，其天才卓絕，慧解極高。」

〔註28〕明朱得之《莊子通義》曰：「此以天下名篇，雖取篇首二字，實則該括萬物之
義。」又劉士璉《南華春點》曰：「莊子不得已，恐後世之學者，不幸不見天
地之大全，故歷敘百家眾技之說，以曉明邪正路頭之有差別，使學者知有大
道，而不迀于曲學阿世，自私自利之途，以喪其真，此書之所以作，以見己
之學，一皆本於道德，而非方術，將以救世也。」（以上所引二書均見嚴靈峰
編《無求備齋莊子集成續編》）。

〔註29〕見陳深所撰《莊子品節》。今《莊子集成初編》輯有明萬曆十九年刊《諸子品
節》本。

　　　　嘗謂世界三大思潮，歐西思潮本於哲學的論理的觀念，印度思潮本
　　　　於宗教的信仰的觀念，中國思潮本於社會的學問的觀念，不觀其會
　　　　通，無以融合世界之文化。而中國群經百家言，大本大宗，無不取
　　　　象於天地神明之德，以成其內聖外王之業，然典籍美富，浩瀚難稽。
　　　　獨此天下篇，不盈一握，展卷即是。

中國思潮本於社會的學問的觀念，觀天下篇之蕃息畜藏，方術之盛行，可知
甚確〔註30〕，而中國群經百家言之大本大宗，信亦可以由天下篇「內聖外王」
一言而蔽之。

〔註30〕錢穆氏《中國思想史》一書，以中國思想「不離開人生界而向外覓理」，唐君
　　　　毅先生亦有《中國人文精神之發展》一書。人生、人文亦即社會的、學問的。

第一章　天下篇之地位

第一節　天下篇在莊子書中之地位

壹、特出於外、雜篇中

今本天下篇為《莊子》一書中之第三十三篇，屬「雜篇」第十一篇。考莊子書之分篇，歷來學者多有討論，然大體言之，當以今本非莊子原書之面目，係經漢魏以後人所刪訂編次之說，較為平允；至其作者，則大約以莊子內篇是莊周自著，而外、雜篇之文字，一般咸認顯然不出於一人之手筆〔註1〕，故明末王船山云：

> 外篇非莊子之書，蓋為莊子之學者，欲引伸之，而見之弗逮，求肖而不能也。……外篇則但為老子作訓詁……故其可與內篇相發明者，十之二三，……乃學莊者雜輯以成書，其間若駢拇、馬蹄、胠篋、天道、繕性、至樂諸篇，尤為惝劣。〔註2〕

其後清姚鼐於《莊子章義》，今人錢穆於《莊子纂箋》中，亦同主「外篇不出莊子」之說。至「雜篇」則明人陸長庚云：

> 雜篇章句，有長有短，疑莊子平生緒言，掇述於內外篇之後者。〔註3〕

所謂「莊子平生緒言」等語，當為陸氏考之未精而約略言之者也？蓋自宋蘇

〔註1〕 以上意見採自黃錦鋐先生《新譯莊子讀本》頁14。
〔註2〕 見《莊子解》卷八，作者釋「外篇」之義。今嚴靈峰編《莊子集成初編》輯有王夫之撰王敔增注清同治四年重刊本《莊子解》卅三卷。
〔註3〕 錢穆先生《莊子纂箋》引。

軾以來，或就文字或就體制，皆以爲雜篇中之讓王、盜跖、說劍、漁父諸篇，決不出於莊子〔註4〕，條理具在，大致可信。而雜篇中其他各篇，其文章形式與大旨，除少數幾篇外，疑亦不類南華之所傳。船山云：

> （雜篇）自庚桑楚、寓言、天下而外，每段自爲一義，而不相屬，非若內篇之首尾一致。

又云：

> 雜篇惟庚桑楚、徐无鬼、寓言、天下四篇，爲條貫之言。〔註5〕

雖然「若內篇之首尾一致」，並不足以證庚桑楚等三篇即爲莊生所作，而此三、四篇既爲「條貫之言」，則其爲莊生或得其眞傳之門人弟子所爲者，其可能性自較其他篇章爲高也；其中又以天下一篇爲然。近人蔣錫昌云：

> 莊子篇目，計內篇七、外篇十五、雜篇十一，凡三十三篇。然其要者，亦僅內篇之逍遙遊，齊物論，與雜篇之天下而已。前之二篇，以天下爲沈濁不可與莊語，乃莊子「寓言」；而後篇則莊子正襟危坐，道貌岸然之「莊語」也。方今庶業其（綦）縠，生事日迫，學者每以不能卒讀全部古書爲苦，閱此三篇，可得大概〔註6〕

蔣氏以爲今日讀莊子一書之門徑，蓋有二焉，即「寓言」也（此非指寓言篇），即「莊語」也，此或循其所撰《莊子哲學》之需要而立說，要亦不失爲有見地之言也；然莊子之寓言，每寄其意於言外，故洸洋誕漫，把捉不易，而莊語則直陳明說，歸趨可求。以故，天下篇雖亦博引泛記，而精蘊獨至，其所以超軼外雜篇之藩籬，上與內篇相埒，而成爲《莊子》之尤要者，豈非無故？則陸長庚以「莊子平生之緒言」總括雜篇之大意，不如以之總括天下一篇之大意較爲具體也。

由上述可知，外、雜篇中雖多踳駁蕪亂之篇章，而其純正博綜之大言，適亦退藏於此一踳駁蕪亂之中，其間之異同，甚辨也，吾人固不可以分篇之故，隨意黜騭之也。〔註7〕

〔註4〕見郎擎霄《莊子學案》第二章莊子篇目及眞贗考，列舉蘇氏〈莊子祠堂記〉，宋濂〈諸子辨〉，鄭瑗〈井觀瑣言〉，董懋策〈莊子翼評點〉，姚際恒《古今僞書考》，以及《南華經解》（附方敦吉識），并皆以爲非莊子作，而係昧者剿之，後人攙入之者。

〔註5〕船山此二語具見錢氏《莊子纂箋》所引。

〔註6〕見蔣氏所著《莊子哲學》自序。

〔註7〕莊子書分篇，最初似亦未有何標準，故日人武內義雄〈莊子考〉曰：齊物論音義標出「夫道未始有封」六字，其下注曰：「崔云：齊物七章，此連上章。

貳、不僅與寓言篇同功

天下篇與寓言篇，同為研求莊子書旨趣之關鍵，蓋寓言篇為莊子之凡例，天下篇則莊子之後跋，二篇同為開啓莊子堂奧之「鑰匙」（張默生語）也。寓言篇之所以為凡例者，當以其可資說明莊子「著書十餘萬言」之敘述體例與範疇。王叔岷氏云：

> 莊子有寓言篇，明其書多寄託之詞也。……所謂寓言者，不自立圭角也，不師其成心也，合於無待之旨也。惟達者能無待於一方（本齊物論篇注），而寄寓於萬物。萬物各有其本然之性，以成其獨化之理，又何容相待乎？推其極也，則罔兩之與景，亦各自然，而不知其所待，故曰：「彼來則我與之來，彼往則我與之往；彼強陽則我與之強陽。」……寓言篇之所以設此喻，極明其立言之旨，不困於一隅也。〔註8〕

所謂「寄託之詞」，即莊子敘述各篇之體例，亦即「藉外論之，所以已言，因以曼衍」者也；所謂「無待」與「獨化」，即莊子敘述各篇之重要範疇也。然而寓言篇所揭示之體例與範疇，天下篇中雖僅略發其端，見其微，而實已探得寓言之神髓，其神髓則所謂「和以天倪」也。王叔岷氏又云：

> 天地萬物之理，不可窮詰，而各有其自然之分。此自然之分，莊子謂之天鈞，亦曰天倪。莊子之所以貴遊，即欲不執著天地萬物之理，而與之各安於自然之分也。夫儒墨之是非相鳌者（〈知北遊〉），咸不能止於自然之分也。是非之端，樊然殽亂（〈齊物論〉篇），百家紛起，不知所法，皆未窺乎道之大全。莊子欲通而一之，故曰：「是以聖人和之以是非，而休乎天鈞。」休乎天鈞者，各止於自然之分也。復申言之曰：「何謂和之以天倪？（即天鈞）曰，是不是，然不然，……化聲之相待，若其不相待，和之以天倪，因之以曼衍，所以窮年也。」……（〈庚桑楚〉篇）曰：「知止乎其所不能知，至矣。若有不即是者，天鈞敗之。」不能止於自然之分，未有不敗者也。是故莊子自述其立言之方……則曰：「非卮言日出，和以天倪，孰得其久。」

而班固說在外篇。」按今本雖與崔本相同，然既云「班固說在外篇」，則漢時莊子經本此條當在外篇中。今檢陸氏音義，自「夫道未始有封」以下，至「故辯者有不見也」一百十五字，陸氏僅引證崔譔音及李音，絕未引司馬彪說，則司馬彪本亦與班固所見之本同，此百五十字似曾置外篇者。

〔註8〕見王氏《莊學管闚・莊子通論》頁192及209。

（寓言篇）夫莊子之言，「其理不竭，其來不蛻，芒乎昧乎，未之盡
者」（天下篇），誠所謂和以天倪也。〔註9〕

王氏夙主「道之用，合而爲遊，遊之旨，散而爲寓」，故以爲莊子「貴遊」，
而貴遊之義，於個人而言，則可「若乎乘天地之正，而御六氣之辯，以遊無
窮」（逍遙遊篇），於天下百家而言，則可和以天倪，休乎天鈞，使之自然通
而一之，然則天地萬物之理，既不可窮詰，設非如是，焉能「應於化解於物」？
惟以莊子不離於宗之天人之學，仍以爲尙未達於至極之境界，「在順應自然的
變化，解釋萬物的時候，道理仍不能透徹，說來還不能明顯」，仍覺「恍惚暗
昧」〔註10〕，而猶以爲未盡，望解人於後世，遇其言外之旨，則此不啻爲「和
以天倪」之最好注腳？

是以寓言篇與天下篇，在莊子書中其所以「詳說乃反約」（王夫之語）者
並同，蓋皆能導人於寓言十九中，體悟無言之眞諦，於環瑋不儻中，通知連
犿而無傷之原意。特寓言篇究侷限在發明其「終身不言，未嘗不言」之體例，
而天下篇復又含攝莊子一書「萬物畢羅，莫足以歸」之精神氣象，故寓言篇
所述，可謂之「方法論」，足以使人得意忘言耳，至天下篇所述，則可謂之「本
體論」，直得莊子之具體而微者矣。

第二節　天下篇與莊子書之關係

天下篇之體大思精，既如上節所述，則吾人將進而說明莊子書中各篇，
其意蘊之足與天下篇相發者，果惡乎在？然後證成天下篇之所以體大思精
者，卒非河漢無極之言也。

壹、與內七篇相得

（一）天下篇與逍遙遊篇

天下篇曰：「以謬悠之說，荒唐之言，無端崖之辭，時恣縱而不儻，不以
觭見之也。」乍然觀之，此若大而無用之言辭耶？其實不然，莊子正以其「無
用」（世俗以爲無用耳），而應於化，而解於物也。逍遙遊篇曰：

惠子謂莊子曰：「吾有大樹，人謂之樗。其大本擁腫而不中繩墨，其

〔註9〕見王氏《莊學管闚‧莊子通論》頁 192 及 209。
〔註10〕以上所引採黃錦鋐氏《莊子讀本》天下篇「其應於化而解於物也，其理不竭
其來不蛻」句譯文。

　　小枝卷曲而不中規矩。立之塗，匠者不顧。今子之言，大而無用，
　　眾所同去也。」莊子曰：「子獨不見狸狌乎？卑身而伏，以候敖者，
　　東西跳梁，不避高下，中於機辟，死於罔罟。今夫斄牛，其大若垂
　　天之雲，此能為大矣，而不能執鼠。今子有大樹，患其無用，何不
　　樹之於無何有之鄉，廣莫之野，彷徨乎無為其側，逍遙乎寢臥其下，
　　不夭斤斧，物無害者，無所可用，安所困苦哉？」

在天下篇則亦評惠施「逐萬物而不反」，役知以逞辯，更見其拙於用大之根本
形狀也。

（二）天下篇與齊物論篇

　　天下篇曰：「芴漠無形，變化無常，死與生與，天地並與，神明往與。」
注云：「隨物也，任化也。」隨物任化則自以生死為晝夜，將與天地同體，共
神明同運，況其餘所謂是非、利害、好惡、貴賤、成毀、彼是或物我哉？故
齊物論曰：

　　惟達者知通為一，為是不用而寓諸庸。庸也者，用也，用也者，通
　　也，通也者，得也。適得而幾矣。

又曰：

　　是故，滑疑之耀，聖人之所圖也，為是不用而寓諸庸。

又曰：

　　忘年忘義，振於無竟，故寓諸無竟。

無竟者，無窮也，寓諸無竟者，寄遊於無窮妙用之中，莫不條暢而自得也，
故與寓諸庸，其詞略異而其意相當。既遊於無窮矣，而其應亦無窮，故齊物
論又以莊周夢蝴蝶，「不知周之夢為胡蝶與，胡蝶之夢為周與，周與胡蝶，則
必有分矣」，此謂之「物化」，物化則各因其是，各約於其所得之分之內，各
不相適，乃得其環中之道也。此於天下篇則謂之「其於本也，宏大而辟，深
閎而肆，其於宗也，可謂調適而上遂矣」，此處「本」「宗」者，或即指物化
之原理乎？至於「齊萬物以為首」亦足以與「天地一指也，萬物一馬也」相
發明也。

（三）天下篇與養生主篇

　　天下篇曰：「天下之人各為其所欲焉以自為方。悲夫，百家往而不返，必
不合矣！」天下之人昧於一察一曲，而百家亦一往直前，愈趨愈遠，不知返

本，安能合道？是以養生主篇篇首即曰：

> 吾生也有涯，而知也無涯；以有涯隨無涯，殆已！

吾人雖不能博通宇宙諸事物之知識，而泛覽不亦可乎？泛覽之然後就其本性之所近，專精一、二，方不虛此生，雖生之有涯而不隨知之無涯，但求量其力而為之，不肆心而忘返，則亦何殆之有？然而此處宜是莊生申斥百家陋儒之徒知汲汲於冊簡糟魄，而不及大道者乎？此不亦所謂好知不好學，其蔽也蕩！養生主篇又曰：

> 適來，夫子時也；適去，夫子順也。安時而處順，哀樂不能入也。
>
> 古者謂是帝之縣解。

知識不可妄逐，而人生亦必須依乎天理，然後免於哀樂，死生相係，此古聖人謂之天然之解脫——即縣解也。縣解，故無待而自然耳，安時處順，緣督以為經，又將何所待哉？莊子自述「芴漠無形，變化無常，死與生與，天地並與，神明往與」，蓋亦自喻其縣解矣。

又養生主篇曰：「老聃死，秦失弔之。」成玄英疏云：「秦失者，姓秦，名失，懷道之士，不知何許人也。」然今人據天下篇推測，秦失者，或即指關尹其人。蓋天下篇以關、老並稱，知二子學術本同。而唐陸德明《經典釋文》謂秦失，失、本又作佚，音逸（莊子養生主音義），則安佚喜悅，其義相應，或關尹即名喜，字佚；養生主篇此句由於上句稱老聃，聃是字，故下句稱佚，或亦是字。〔註11〕其言似亦可備一說。

（四）天下篇與人間世篇

天下篇曰：「上與造物者遊，而下與外死生，無終始者為友。」此莊子之神遊也，莊子乘變化而遨遊，交自然而為友，此實非至虛至靜不可得也，故人間世篇莊子託孔子與顏回論心齋之理，因及坐馳之道，其言曰：

> 瞻彼闋者，虛室生白，吉祥止止，夫且不止，是之謂坐馳。

能坐行神化，疾如馳傳〔註12〕，通乎吉祥之道，然後「彼且為嬰兒，亦與之

〔註11〕見譚戒甫〈二老研究〉一文。該文又曰：「戰國時把國號加在名字上稱呼的不少，如公孫鞅呼衛鞅，公子非為韓之諸公子，因呼韓非。這個佚或他本是秦之世族而稱秦佚呢？或因聃是周人，佚是秦人，記事者要分別佚不是周人，才稱秦佚呢？這些都不可考，但關尹喜即是秦佚似可成為事實。」譚氏為據《呂覽‧不二篇》高誘注等，亦證關尹喜為秦人。茲不具引。

〔註12〕胡遠濬註釋「坐馳」之語。王船山《莊子解》亦已謂坐馳為「端坐而神遊於六虛」。

為嬰兒，彼且為無町畦，亦與之為無町畦，彼且為無崖，亦與之為無崖，達之入於無疵」（人間世篇），無疵即是順物遊心，上下與自然為友也。

（五）天下篇與德充符篇

天下篇曰：「公而不當，易而無私，決然無主，趣物而不兩……於物無擇，與之俱往。」至公無有阿黨營私，決不由主觀立意，而專任物觀之標準，隨物同趨，無有主宰，彭蒙、田駢、慎到之徒聞風悅之，而「魯有兀者王駘……立不教，坐不議，虛而往，實而歸」，（德充符篇）故孔子亦視之為「聖人」，且「將以為師」。德充符篇曰：

> 人莫鑑於流水而鑑於止水，惟止能止眾止。

止水一泓，唯其清澈澄明，然後可以忠實照映萬有；王駘自身，因能凝神寂靜，於是群趨與遊者，亦三千眾矣〔註13〕，此所以兀者之有保始之徵與夫才全德不形者，非天下篇「於物無擇，與之俱往」則不能至也，皆古之道術之已有；而莊子雖與彭、田思想不同，但實受其影響者，亦由此可知也。

（六）天下篇與大宗師篇

天下篇曰：「不離於真，謂之至人。」天地萬物之理無窮，其主使此理者，謂之真宰——即道；能體此真宰之理者，謂之真人，真人即至人；能體此真宰之理，以全其知，謂之真知。故大宗師篇曰：

> 且有真人，而後有真知。

又曰：

> 知天之所為，知人之所為者，至矣。知天之所為者，天而生也；知人之所為者，以其知之所知，以養其知之所不知，終其天年而不中道夭者，是知之盛也。雖然，有患。夫知有所待而後當，其所待者特未定也。

夫世俗之士，皆以其有為不可加，又自以為所知是知之盛，按之事實，則不過察察之見而已，必也具備真人之真知，方不至「判天地之美，析萬物之理，察古人之全」，而亦可以知大道之宗師——自然矣。

（七）天下篇與應帝王篇

天下篇曰：「其動若水，其靜若鏡，其應若響。……其行身也，徐而不費，無為也而笑巧。」

〔註13〕採成玄英疏。

笑巧者，所謂若愚若不足；若鏡者，若鏡之鑑物無情，物來斯照而已。無爲若鏡，則動靜語默皆可苟免於咎矣。應帝王篇則曰：

> 無爲名尸，無爲謀府；無爲事任，無爲知主。體盡無窮，而遊無朕；盡其所受乎天，而無見得，亦虛而已。至人之用心若鏡，不將不迎，應而不藏，故能勝物而不傷。

倘不此之圖，而矯性以取巧，數數於有爲，則猶如渾沌之強開耳目，此豈儵與忽之謀報其德者乎？

貳、與外雜篇相發

　　外、雜諸篇，雖大部份非莊子自著，一般以爲係莊徒或學莊子者所爲，甚或後世僞託者〔註14〕，故訓詁之氣有之，浮蔓庸沓與夫竄亂之病亦有之，似皆不足盡副莊子之原旨〔註15〕，且無與其汪洋諔詭之大觀；然而其間實亦不乏沈邃深至，語脈通貫，可用與內篇相發明之篇章或零句者，如秋水篇之因逍遙遊、齊物論而衍之，達生篇之與養生主篇相發，山木篇之本人間世篇旨而闡說之，駢拇、列禦寇篇之引伸德充符篇，刻意篇之爲養生主、大宗師篇之餘緒，以及胠篋、在宥、天地等篇之與應帝王篇相發明，可見其一斑，是故即或其間有悖謬於莊子者，焉知非爲「名相反而實相順也」（應帝王篇語）？〔註16〕第其微旨略有可資取給者，則識大識小，皆解釋莊子學說之功臣也。故清周金然《南華經傳釋》曰：

> 凡外、雜篇共二十有六篇，其二十四篇，總是解內七篇，內七篇由曠觀而後忘賓，忘賓而後得主，得主而後冥世，冥世而後形眞，形眞而後見宗，見宗而後化成，節合珠聯，七篇猶是一篇。至末寓言篇，乃莊子自述其編中之言，有寓、有重、有卮，使人勿錯眼光也。

〔註14〕或又以爲實非僞託也，清章學誠《文史通義・言公上》云：「莊子讓王漁父之篇，蘇氏（軾）謂之僞託，非僞託也，爲莊氏之學者所附益爾。」

〔註15〕如天道篇所說，更有與莊子之旨迥不相侔者，特因老子守靜之言而演之，亦未盡合於老子，故王夫之以爲蓋秦漢間學黃老之術以干人主者之所作者也。

〔註16〕胡遠濬《莊子詮詁・序例》云：莊子之言不可以一塗詰……郭子玄曰，當遺其所寄，而錄其絕聖棄智之意焉。又曰，莊子推平於天下，故每寄言出意，乃毀仲尼，賤老聃，上掊擊乎三皇，下病痛其一身也。夫今古異宜，國無常分，而彼爲治者，類強相倣效，可其不可然不然，上沽仁義之名，而不蒙仁義之實，上矜聖智之能，而下且懼聖智之毒，然則莊生絕而棄之，以納於至平之域，豈過言哉？王荊公知不以辭害意，而目莊生爲隱居放言之論，其果能以意逆志者邪？

天下篇乃莊子自敘立言之宗，援引古聖賢，至於百家，各有品第。……

〔註17〕

周金然「七篇猶是一篇」云云，頗爲有見，此緣七篇之散而爲寓，因以曼衍，往往正言若反，莫得其倫；然而若能通觀其外、雜二十六篇，不以其片面之言辭害其殷殷之深意，而直索其所寄，則七篇之淵旨，與外、雜篇之荒唐無端，實如支川三千之同匯於一流耳。乃二十六篇中，又以寓言、天下二篇，特稱莊子中之翹楚，而由前節所述，則天下篇之所以「知道」者，又不僅僅與寓言篇同功而已。茲者，試再略就天下篇之與其他外、雜諸篇相發之脈絡，約言其梗概如后：

（一）天下篇與駢拇、馬蹄、胠篋、刻意、繕性諸篇

駢拇篇曰：

> 駢於明者，亂五色，淫文章，青黃黼黻之煌煌非乎？而離朱是已。多於聰者，亂五聲，淫六律，金石絲竹，黃鐘大呂之聲非乎？而師曠是已。枝於仁者，擢德塞性，以收名聲，使天下簧鼓，以奉不及之法非乎？而曾、史是已。駢於辯者，纍瓦結繩竄句，遊心於堅白同異之間，而敝跬譽無用之言非乎？而楊、墨是已。故此皆多駢旁枝之道，非天下之至正也。

假於仁之名，以拔取德性，非眞仁也；原乎禮之初，五色文章也，而淫亂之，非眞禮也；溯乎樂之起，五聲六律也，而又淫亂之，亦非眞樂也；辯之大者入於知，而徒事穿鑿口給，非眞知也。凡此或泛指效顰曾、史、離朱等之末流，而使天下惑者也？（按〈在宥〉篇即謂：「吾未知聖知之不爲桁楊椄槢也，仁義之不爲桎梏鑿枘也，焉知曾史之不爲桀跖嚆矢也！」）故〈馬蹄〉篇曰：

> 及至聖人，屈折禮樂以匡天下之形，縣跂仁義以慰天下之心，而民乃始踶跂好知，爭歸於利，不可止也。

〈胠篋〉篇曰：

> 世俗所謂至知者，有不爲大盜積者乎？所謂至聖者，有不爲大盜守者乎？……爲之斗斛以量之，則并與斗斛而竊之；爲之權衡以稱之，則并與權衡而竊之；爲之符璽以信之，則并與符璽而竊之；爲之仁義以矯之，則并與仁義而竊之。何以知其然邪，彼竊鉤者誅，竊國者爲諸侯，諸侯之門，而仁義存焉。則是非竊仁義聖知邪？

〔註17〕見郎擎霄《莊子學案》所引，頁23。

戰國之世，末流之徒，假竊仁義爲私利者，彼自以爲仁義聖知者，明非莊子「莊語」中之仁義聖知也〔註18〕，夫野馬難馴，則何不任之自適，以不馴而馴之，知也，真正聖人，亦不必強民人以仁義，然後天下可治焉。刻意篇曰：

> 若夫不刻意而高，無仁義而修，無功名而治，無江海而閒，不道引而壽。無不忘也，無不有也，澹然無極，而眾美從之。此天地之道，聖人之德也。

則天下之治，何必勞形不休，精用不已，刻意削志而後可致乎？故若但任聰明，追逐無涯，馴至於「喪己於物，失性於俗者，謂之倒置之民」（繕性篇）耳，奈何謂之真正聖知也？

然則何謂真正之聖知，天下篇曰：

> 神何由降？明何由出？聖有所生，王有所成，皆原於一。

神明者，知也，聖王者，聖也，一者，子玄所謂使物各復其根，抱一而已，無飾於外，斯聖王之所以生成也。繕性篇曰：「反其性情，而復其初。」又曰：「處其所而反其性。」反性復初即抱一原一也，至於「澹然無極」，即天下篇所謂「以天爲宗」也，「眾美從之」，則天下篇所謂「薰然慈仁」也。聖知如此，然後可如上古聖王「赫胥氏之時，民居不知所爲，行不知所之，含哺而熙，鼓腹而遊，民能已此矣」（馬蹄篇），此之謂「澤及百姓」（天下篇）。元吳澄曰：

> 莊生書瓌瑋參差，不以觭見之，唯駢拇、胠篋、馬蹄、繕性、刻意五篇，自爲一體，其果莊氏之書乎？抑周秦間文士所爲乎？未可知也。

天下篇既足以代表莊子之精神〔註19〕，而駢拇等五篇之思想，又略能與天下篇一致，則五篇是否爲莊氏之書者，或於此間可得其消息？意者後世之得莊學之真者所作，雖不免以觭見，而其中亦疑有莊子之原意者存焉。〔註20〕

〔註18〕司馬光所謂：「大抵莊子之所言仁義，其字義，本與孟子不同。」非不同也，戰國末世假竊之耳。

〔註19〕已概述於「緒論」。

〔註20〕刻意篇曰：「故曰，夫恬惔寂漠虛無無爲，此天地之平而道德之質也。故曰，聖人休休焉則平易矣，平易則恬惔矣。平易恬惔，則憂患不能入，邪氣不能襲，故其德全而神不虧。故曰聖人之生也天行，其死也物化；靜而與陰同德，動而與陽同波；不爲福先，不爲禍始，感而後應，迫而後動，不得已而後起……循天之理……光矣而不耀，信矣而不期，其寢不夢，其覺无憂，其神純粹，其魂不罷，虛無恬惔，乃合天德。」姚鼐云：「數語甚精，蓋周諸子之語。」又歐陽脩於駢拇篇亦云：「以下數篇者，但論筆意，亦大宗師也。」

（二）天下篇與在宥篇

在宥篇曰：

> （廣成子曰）至道之精，窈窈冥冥，至道之極，昏昏默默。……余
> 將去女，入無窮之門，以遊無極之野。吾與日月參光，吾與天地爲
> 常，當我，緡乎！遠我，昏乎！人其盡死，而我獨存乎？

又曰：

> 夫有土者，有大物也。有大物者，不可以物；物而不物，故能物物。
> 明乎物物者之非物也，豈獨治天下百姓而已哉！出入六合，遊乎九
> 州，獨往獨來，是謂獨有。獨有之人，是之謂至貴。

至道精微，心靈莫測，惟知守此本根，則將無往而不生，何處而非存；以之
治身，可以久長；以之尊高如九五，不得已蒞臨於四海，亦將用天下之自爲。
一己則排六合而陵太清，超九州而遊姑射，以獨有爲至貴矣。

所謂獨有至貴之人，當如古之泰氏（太昊伏羲）乎？「泰氏，其臥徐徐，
其覺于于，一以己爲馬，一以己爲牛，其知情信，其德甚眞，而未始入於非
人」（應帝王篇語），故天下篇曰：

> 以本爲精，以物爲粗，以有積爲不足，淡然獨與神明居。

在宥篇本衍老子無爲而無不爲之旨（胡遠濬語），而天下篇此語蓋亦溯老子之
術之根源。以無爲之至道爲精妙，以物物之有爲爲粗迹，貪而儲積，則心將
常感不足，不如知足止分，始得清廉虛淡而獨守眞精，則「深之又深，而能
物焉；神之又神，而能精焉」（天地篇），乃入無窮之門與日月參光而爲獨有
至貴之人矣。

（三）天下篇與天地、天道、天運諸篇

天地篇曰：

> 泰初有无，无有无名；一之所起，有一而未形。物得以生，謂之德；
> 未形者有分，且然无閒，謂之命；留動而生物，物成生理，謂之形，
> 形體保神，各有儀則，謂之性。性修反德，德至同於初，同乃虛，
> 虛乃大，合喙鳴；喙鳴合，與天地爲合。其合緡緡，若愚若昏，是
> 謂玄德，同乎大順。

玄德者，無爲之天德也。物之本始，自然之大道，原似一無所有，極其抽象
之能事者也，故無所可名，亦不得以「无」字而蔽之，然而萬物之神、德、
形、性，又從此自然繼成，此即所謂「有」也；「有」者自「一」而後，紛然

變化，極易令人趣舍滑心，故吾人若知刳去有心之累，因萬物而不強推之，明空虛之大用，乃「无无」之未始，則自然而然大順於天下也。故天地篇又曰：「古之畜天下者，无欲而天下足，无爲而萬物化，淵靜而百姓定。《記》曰，通於一而萬事畢。」通於一，則不自異而通無爲之天德，而可以逐漸聞見泰初之曉和焉，故天地篇又曰：

> 德人者，居無思，行無慮，不藏是非美惡，四海之內共利之之謂悦，共給之之爲安……上神乘光，與形滅亡，此謂照曠。致命盡情，天地樂而萬事銷亡，萬物復情，此之謂混冥。

混冥則若愚若昏，不自立異而和其光、同其塵矣，而世俗猶多風波之民，相競於物，其所謂得者，豈眞得耶？

> 夫得者困，可以爲得乎？則鳩鴞之在於籠也，亦可以爲得矣。且夫趣舍聲色以柴其內，皮弁鷸冠，搢笏紳修以約其外，內支盈於柴柵，外重纆繳，睆睆然在纆繳之中而自以爲得，則是罪人交臂歷指，而虎豹在於囊檻亦可以爲得矣。（天地篇）

此其所謂得者失性而已矣。

又天道篇曰：「極物之眞，能守其本。」亦即返還泰初之意。達生篇亦曰：「子列子問關尹曰，至人潛行不窒，蹈火不熱，行乎萬物之上而不慄。請問何以至於此？關尹曰，是純氣之守也。」純氣之守非「知巧果敢」勞形怵精之列也，謙弱之類也。天運篇曰：「形充空虛。」則空虛爲實之所自出可知。而天下篇於上述泰初等等申說，已有其端緒焉。其言曰：

> 建之以常無有，主之以大一，以濡弱謙下爲表，以空虛不毀萬物爲實。……同焉者和，得焉者失。

在宥、天地、天道、天運四篇，研莊學者，大致以爲皆推衍老子之道〔註21〕今觀天下篇此段評語亦列置於所謂「關尹、老聃聞其風而說之」之中，信然。

（四）天下篇與秋水篇

秋水篇曰：

> 河伯曰，若物之外，若物之內，惡至而倪貴賤，惡至而倪小大？北海若曰，以道觀之，物無貴賤；……以俗觀之，貴賤不在己，以差觀之，因其所大而大之，則萬物莫不大，因其所小而小之，則萬物

〔註21〕在宥篇下，胡遠濬曰：「此衍老子無爲而無不爲之旨。」天地篇、天道篇等亦多老子之言，故王夫之以爲在「暢言無爲之旨，老子所欲絕聖棄知者」也。

> 莫不小……以功觀之，因其所有而有之，則萬物莫不有；因其所無
> 而無之，則萬物莫不無；……以趣觀之，因其所然而然之，則萬物
> 莫不然；因其所非而非之，則萬物莫不非。

夫觀物以俗、以差、以功、以趣，方將得物之粗迹耳，豈能因此遂定其分倪乎？唯以道觀物，通乎人我，達乎萬物，乃能得物之精意也；然而此所謂道者，非自多曲士之道也，因物自化之道也。秋水篇又曰：

> 萬物一齊，孰短孰長？道無終始，物有死生，不恃其成，一虛一滿，
> 不位乎其形……是所以語大義之方，論萬物之理也。物之生也，若
> 驟若馳，無動而不變，無時而不移。何為乎，何不為乎？夫固將自
> 化。

井蛙夏蟲皆各持有其拘虛束教之道，而自以管闚錐指為知道，故反復辨爭，天下乃繁然多故；何不同稟天然，安而任之，使之「反要而語極」乎？

　　彭蒙、田駢、慎到之徒，雖亦不能完全知大道，然概乎皆嘗有聞於不立是非之理，故猶有可取者。故天下篇曰：

> 齊萬物以為首，曰，天能覆之而不能載之，地能載之而不能覆之，
> 大道能包之而不能辯之，知萬物皆有所可，有所不可，故曰，選則
> 不徧，教則不至，道則無遺者矣。是故慎到棄知去己而緣不得已，
> 泠汰於物以為道理……彭蒙之師曰，古人道人至於莫之是，莫之非
> 而已矣。

唯就中慎到「棄知」欲令人如土塊（郭注）之無知，是其所說之棄知，乃「無廣義的知識」之謂；而「去己」因亦不免「至死人之理」。若夫莊子之「無知」，則無有如井蛙、夏蟲缺乏經驗之知耳，是其所言之知，乃屬「無狹義的知識」而言；而其「忘己」，非無有己也，蓋深知萬物原始之道而特忘之也。二家不同在此（以上參看馮氏哲學史，頁 198-199）。則彭、田、慎等人所謂「齊萬物」之根本精神，實亦不能與莊子之「齊物」者等觀（見柳詒徵《中國文化史》頁 367）。雖然，凡此相異之處，皆可借天下篇而發其微旨也。

（五）天下篇與至樂篇、達生篇

至樂篇曰：

> 天無為以之清，地無為以之寧，故兩無為相合，萬物皆化。芒乎芴
> 乎，而無從出乎！芴乎芒乎，而無有象乎！萬物職職，皆從無為殖。
> 故曰，天地無為也而無不為也，人也孰能得無為哉！

能得無爲者，則將翱翔於芒芴恍惚之上，而見天地清寧之氣，與神明同遊，不復有生死之累，此至樂之道也。故莊子妻死，其所以箕踞鼓盆而歌者，窅窅然得知其妻之已返於無形無氣之初始，順於變化之流行，而相與爲春秋多夏四時行也，此觀死生之化，乃通乎命者也；通乎命，則憰憰然自有一種超乎世俗欣生惡死，哀死樂生之至樂生焉。故至樂者實亦一種「不知悅生，不知惡死」之樂也〔註22〕。

　　天下篇評述莊子之所宗者，即首揭死生爲晝夜，隨造化共神明之義。其言曰：

　　　　芴漠無形，變化無常，死與生與，天地竝與，神明往與。

　　達生篇曰：「扁子曰……至人……忘其肝膽，遺其耳目，芒然彷徨乎塵垢之外，逍遙乎無事之業。」逍遙乎彷徨乎，皆得無爲而與神明共往者也，則此亦至人之自行，而自得其至樂者乎？

（六）天下篇與山木篇

山木篇曰：

　　　　莊子行於山中，見大木枝葉盛茂，伐木者止其旁而不取也。問其故，曰無所可用，莊子曰，此木以不材得終其天年。夫子出於山，舍於故人之家。故人喜，命豎子殺雁而烹之。豎子請曰，其一能鳴，其一不能鳴，請奚殺？主人曰，殺不能鳴者。明日弟子問於莊子曰，昨日山中之木，以不材得終其天年，今主人之雁，以不材死。先生將何處？莊子笑曰，周將處夫材與不材之間。材與不材之間，似之而非也，故未免乎累。若夫乘道德而浮游則不然。無譽無訾，一龍一蛇，與時俱化，而無肯專爲；一上一下，以和爲量，浮游乎萬物之祖，物物而不物於物，則胡可得而累邪！此神農黃帝之法則也。若夫萬物之情，人倫之傳，則不然。合則離，成則毀；廉則挫，尊則議，有爲則虧，賢則謀，不肖則欺，胡可得而必乎哉！悲夫！弟子志之，其唯道德之鄉乎！

夫亂世人間，離其合，毀其成，挫其廉……人情如是險陂，須是乘道德以浮遊於世，若知若愚，然後不但外物不能累己而已，且能涉變而常通也。故處夫材與不材之閒者，蓋入其俗，從其俗，似眞道而非即眞道也，喻譬之耳。

〔註22〕胡遠濬云：（至樂篇）與大宗師同旨，而詞閒涉詭激，讀者當不以辭害意。按，大宗師篇云：「古之眞人，不知說生，不知惡死。」

天下篇評述莊周之處乎人間之世亦曰：

> 以天下爲沈濁，不可與莊語，……不譴是非，以與世俗處。

（七）天下篇與田子方篇

田子方篇曰：

> 子方曰，（東郭順子）其爲人也眞，人貌而天虛，緣〔註23〕而葆眞，
> 清而容物，物無道，正容以悟之，使人之意也消，無擇何足以稱之！
> 子方出，文侯儻然終日不言……曰……遠矣，全德之君子！始吾以
> 聖知之言仁義之行爲至矣，吾聞子方之師，吾形解而不欲動，口鉗
> 而不欲言。吾所學者直土梗耳，夫魏直爲我累耳！

葆眞之道，不假外物，不落言詮。眞正仁義之行，立身求己，不必假物以成
名也。故天下篇亦曰：

> 君子不爲苛察，不以身假物，以爲無益於天下者，明之不如已也。

宋鈃、尹文之行，「雖然其爲人太多，其自爲太少」，而其能取法乎養人活民
之道術，亦略知葆眞之道者也？至惠施、公孫龍辯者之徒，則反是，蓋彼言
辭雖辯，而實無當於弘道，又何能知「不言之辯，不道之道」乎〔註24〕？而
卻自以其口談爲聖知之言。故天下篇又曰：

> 惠施多方，其書五車，其道舛駁，其言也不中……辯者之徒，飾人
> 之心，易人之意，能勝人之口，不能服人之心。

（八）天下篇與知北遊篇

知北遊篇曰：

> 東郭子問於莊子曰，所謂道，惡乎在？莊子曰，無所不在，東郭子
> 曰，期而後可。莊子曰，在螻蟻，……在稊稗，……在瓦甓，……
> 在屎溺……。

又曰：

> 無爲曰，吾知道之可以貴，可以賤，可以約，可以散……。

〔註23〕此句錢穆氏《莊子纂箋》作「人貌而天虛，緣而葆眞」並引成玄英曰，「緣，
　　　　順也。」；胡氏《莊子詮詁》則作「虛緣而葆眞」，並按云「人貌而天，所謂
　　　　有人之形，無人之情也。緣，即齊物論『不緣道』之『緣』，『緣虛』，空絕
　　　　外緣也。又據章炳麟云：「不緣道者，謂知道不可緣，所證無有境界，雖隨俗
　　　　言緣，其實不緣也。」則虛緣者，不緣之謂也。胡氏說似較長。
〔註24〕語見〈齊物論〉篇。

物物之道，原是與物無際，非物而不離物者也。故道之所在，或每下而愈況，或彷徨乎馮閎，內照可以知乎太初，外觀可以過乎崑崙，而遊乎太虛也。故天下篇曰：

> 古之所謂道術者，果惡乎在？曰，無乎不在。

此所謂道術者，或指上古三皇所行之跡，然其不可逃於虛廓無窮之「道」者亦明矣，則道術者所在有之，自古及今，無處不徧矣。知北遊篇又曰：「果蓏有理，人倫雖難，所以相齒。」萬事萬物，皆有其理，豈果蓏有理而人倫獨無有乎？人之處世，險阻艱難，而貴賤尊卑更相齒次，但當任之自合乎道，辟言彼果蓏之有理存焉也，雖自堯舜以下，因此貴賤尊卑，置立百官，務使彝倫攸序，民生順遂，而亦不可逆於所一之道，此亦民之理也。故天下篇又曰：

> 以法為分，以名為表，以參為驗，以稽為決，其數一二三四是也，
> 百官以此相齒，以事為常，以衣食為主，蕃息畜藏，老弱孤寡為意，
> 皆有以養，民之理也。

（九）天下篇與庚桑楚篇

庚桑楚篇曰：

> 宇泰定者，發乎天光。發乎天光者，人見其人，人有修者，乃今有
> 恒；有恒者，人舍之，天助之。人之所舍，謂之天民；天之所助，
> 謂之天子。

器宇開泰而自然靜定之至人，自有不可掩之端倪兆焉，此天然之智光也；體常之人，動以吉會，為蒼生之所舍止，皇天之所福助，不亦宜乎？智光者，身內之所放道者也，吉會者，形與外接而「其塵垢粃糠，將猶陶鑄堯舜者也」〔註25〕。庚桑楚篇又曰：

> 簡髮而櫛，數米而炊，竊竊（一作察察）乎又何足以濟世哉！舉賢
> 則民相軋，任知則民相盜；之數物者，不足以厚民，民之於利甚勤。

夫聖人之道，在使民得其情性，以順天下之人心，今也好賢而民反相軋，好知而民反相盜，相去不亦遠乎？是以其「宇泰定者」，「出則天子，處則天民」，「此即內聖外王也」。〔註26〕而天下篇亦曰：

> 內聖外王之道。

〔註25〕語見逍遙遊篇。
〔註26〕錢氏纂箋，庚桑楚篇「宇泰定者」一段下引郭象語作註。

其「簡髮而櫛，舉賢任知」者，則似亦可以屬於墨翟、禽滑釐「不暉於數度，以繩墨自矯而備世之急」之類歟？恐其竊竊而形勞，「不可以爲聖人之道，反天下之心，天下不堪，……亂之上也，治之下也」，此所以天下篇復謂之：

> 內聖外王之道，闇而不明，鬱而不發。

（十）天下篇與徐无鬼篇

徐无鬼篇曰：

> 武侯曰，欲見先生久矣，吾欲愛民，而爲義偃兵，其可乎？徐无鬼
> 曰，不可。愛民，害民之始也，爲義偃兵，造兵之本也，君自此爲
> 之，則殆不成。凡成美，惡器也，君雖爲仁義，幾且僞哉！形固造
> 形，成固有伐，變固外戰。君亦必無盛鶴列於麗譙之間。無徒驥於
> 錙壇之宮，無藏逆於得。無以巧勝人，無以謀勝人，無以戰勝人。
> 夫殺人之士民，兼人之土地，以養吾私與吾神者，其戰不知孰善，
> 勝之惡乎在？君若勿已矣，修胸中之誠，以應天地之情，而勿攖。
> 夫民死，已脫矣，君將惡乎用偃兵哉？

「爲義偃兵」者，豈不美哉？仁義愛民者，又豈非治哉？奈何偏愛之仁，裁非之義，偃武之功，脩文之事，迹既彰矣，物斯徇焉，則天下之父子君臣，懷情相欺，害民造兵，乃自此始也。故君雖爲仁義，則天下將喪其眞，人人幾且僞哉！若未能已，何不修胸中之誠，從無爲爲之，無勞巧謀作法，攖擾黎民，然後天下自得其化也。

然則宋、尹之徒，雖作爲華山之冠，以自表其心之均平，「願天下之安寧，以活民命」，並「以此白心」，而「上下見厭而強見」，則亦不免於僞乎？故天下篇曰：

> 以聏合驩，以調海內……見侮不辱，救民之鬭，禁攻寢兵，救世之
> 戰。以此周行天下，上說下教，雖天下不取，強聒而不舍者也。……
> 其小大精粗，其行適至是而止。

（十一）天下篇與則陽、外物、寓言諸篇

則陽篇曰：

> 少知問於太公調曰，何謂丘里之言？太公調曰，丘里者，合十姓百
> 名而以爲風俗也。合異以爲同，散同以爲異。今指馬之百體而不得
> 馬，而馬係於前者，立其百體而謂之馬也。……是以自外入者，有

主而不執，由中出者，有正而不距。……比於大澤，百材皆度，觀
乎大山，木石同壇，此之謂丘里之言。少知曰，然則謂之道，足乎？
太公調曰，不然。今計物之數，不止於萬，而期曰萬物者，以數之
多者號而讀之也。……道者爲之公，因其大以號而讀之則可也，已
有之矣，乃將得比哉，則若以斯辯，譬猶狗馬，其不及遠矣。……
窮則反，終則始。此物之所有，言之所盡，知之所至，極物而已；
觀道之人，不隨其所廢，不原其所起，此議之所止。……太公調（又）
曰，雞鳴狗吠，是人之所知，雖有大知，不能以言讀其所自化，又
不能以意其所將爲，斯而析之，精至於無倫，大至於不可圍，或之
使，莫之爲，未免於物而終以爲過。或使則實，莫爲則虛。有名有
實，是物之居，無名無實，在物之虛。可言可意，言而愈疏。未生
不可忌，已死不可徂。……吾觀之本，其往無窮；吾求之末，其來
無止。無窮無止，言之無也，與物同理；或使莫爲，言之本也，與
物終始。……言而足，則終日言而盡道；言而不足，則終日言而盡
物。道物之極，言默不足以載；非言非默，議其有極。

所謂「丘里之言」者，以喻合異以爲同之意而已，萬物之有異，萬物之情也，
必順而不距，隨之而無執，則所以爲同也。故眾殊通於一，是爲道物之極，
忘言而寓諸無竟，使同異無爲而自化，斯得言默之本矣。

　　惠施固以「天地一體」相倡，而卻又恃知自賢，其實不過極物而已，不
能極道也，故雖能分析精至，終「未免於物而以爲過」，不知名實之情理，「言
而愈疏」矣。相里勤之徒，亦然。
天下篇曰：

惠施多方，其書五車，其道舛駁，其言也不中。……徧爲萬物説，
説而不休，多而無已，猶以爲寡，益之以怪。……弱於德，強於物，
其塗隩矣。

又曰：

相里勤之弟子，五侯之徒，南方之墨者，苦獲、己齒、鄧陵子之屬……
以堅白同異之辯相訾，以觭偶不仵之辭相應。

萬物固將無爲而自化也，豈可騁其口談之能，而以言辯之乎？則相訾也相應
也，斯皆俗中一物偏曲之人，何足以造重玄而與於六通四辟之大道乎？
外物篇末曰：

> 荃者所以在魚，得魚而忘荃；蹄者所以在兔，得兔而忘蹄；言者所
> 以在意，得意而忘言。吾安得夫忘言之人而與之言哉？

妙理既明矣，名言可以絕矣。奈何捨本逐末，偏偏在言辭表象之中鑽冰求酥乎？自內篇逍遙遊篇末，莊子顯白點化惠施以「無何有之鄉，廣漠之野」，以至外篇秋水篇末，莊子更以我知之於濠梁之上，用曉惠子，在在皆以爲惠子不及聖人高韻。寓言篇曰：

> （莊子謂惠子）好惡是非，直服人之口而已，使人乃以心服。

故天下篇亦於篇末痛惜惠子有才而不能達道，所謂（惠施）散於萬物而不厭，卒以善辯爲名。惜乎！是窮響以聲，形與影競走也。悲夫！

（十二）天下篇與列禦寇篇

列禦寇篇曰：

> 莊子將死，弟子欲厚葬之。莊子曰，吾以天地爲棺槨，以日月爲連
> 璧，星辰爲珠璣，萬物爲齎送，吾葬具豈不備邪？何以加此。弟子
> 曰，吾恐烏鳶之食夫子也。莊子曰，在上爲烏鳶食，在下爲螻蟻食，
> 奪彼與此，何其偏也！

莊子「外死生，無終始」（天下篇），故逆旅形骸，棺槨天地，鑪冶兩儀而珠璣星辰，其資送備矣，此不亦得乎「天樂」者乎？因此深以門人之厚葬爲不然。且意者，莊子之不欲厚葬，亦非所謂「薄葬」也，莊子既慕懸解而達生忘名，於其物化也，又何所厚薄於其間哉？任化自爾，豈可由於「門人荷師主深恩」之故〔註27〕，從俗世之厚葬，因此使之「遯天倍情，忘其所受」乎！

　　是故莊子對於墨子之以刻苦利用爲機心，以節葬爲尚儉，亦認爲有困於人之性情，不能免於苦心勞形而「遯天之刑」也。天下篇曰：

> 墨子獨生不歌，死不服，桐棺三寸而無槨，以爲法式。以此教人，
> 恐不愛人；以此自行，固不愛己。……其生也勤，其死也薄，其道
> 大觳；使人憂，使人悲，其行難爲也。

（十三）天下篇與讓王、盜跖、說劍、漁父諸篇

　　至於讓王、盜跖、說劍、漁父四篇，或以爲「枝葉太蘿」或以爲與「重言」意相乖〔註28〕，自宋代以降幾同疑爲後世之贗作。今細察諸篇，誠多有

〔註27〕以上數句約採成玄英疏語。
〔註28〕蘇軾曰：「讓王以下四篇非莊子所作，蓋其枝葉太蘿，恐爲人所竄易。」劉大

激之談，流俗之論，然而如所謂「眞在內者，神動於外，是所以貴眞也」（漁父篇），「上法圓天，以順三光」（說劍篇），「若棄名利，反之於心，則夫士之爲行，抱其天乎」（盜跖篇），以及讓王篇之言「致道者忘心」云云，皆所謂畸章零句之有味者，而按之天下篇亦不無可以相參之處。故吾人於其大旨固可存而不論，而亦不必以「篇」而廢言，疑僞而削眞也。〔註29〕

以上所述天下篇與內、外、雜篇之關係，其間之交互發明，與夫相得益彰者頗爲顯而易見，蓋內、外、雜各篇之所寄寓者，簡言之，則我也、物也、道也而已矣；於我則無爲自適，莊生之自述也，於物則與之俱化，百家之所不備也，於道則得其本根，古之所謂道術也；無爲自適則神聖自降，與物俱化則明王乃生，而溯其原委，又皆出乎道也，皆天下篇所謂「內聖外王之道」也。

第三節　天下篇在道家以及諸子中之地位

壹、綜貫道家學說

在先秦諸子中，本來無所謂「道家」之名，然夙有道家之實；此又何所據而云然者也？林師耀曾以爲凡後世之所謂道家者，其思想必有三個前提，即「出於避世」也，「以我爲中心」也，「特別標榜崇尚自然」也；並以爲道家思想之體系，乃主要由楊朱而老子，而莊子，次第發展而下。〔註30〕林師之說，言簡要而意賅備；今於楊朱之後，另綴以宋鈃、尹文，於老、莊之前，

槩曰：「東坡刪此四篇而以列禦寇續寓言爲一。」又王安石曰：「莊子重言十九，以爲耆艾人而無人道者，不以先人，若盜跖可謂無人道者，而以之爲重言，其不然明矣。故此篇之贗，不攻自破。」清人馬驌曰：「（說劍）語近國策，非莊生本書。」朱熹曰：「蘇子由古史中論此數篇決非莊子書，乃後人截斷本文攙入。」

〔註29〕甘蟄仙〈莊子研究歷程考略〉云：「太炎又以盜跖篇確係莊生所撰錄，以謂『莊周推致其意……其詰責孔子雖盧哉，其辭旨則實矣。』因以『莊生踔行曠觀，其述胠篋、馬蹄諸篇，前世獨有盜跖心知其意；故舉以非逢衣淺帶矯言僞行以求富貴之士。』又云：『曲士或言莊周雜篇盜跖爲僞託；其亦牽於法訓，未踏大方之門者耶？（《檢論‧儒俠》）。』所稱曲士或指東坡，坡公疑讓王以下四篇爲僞作，盜跖篇即其一也。似太炎此論，又不啻對蘇東坡起一疑問矣。」則吾人就甘氏說與前註（註27）合觀之，則四篇中或不無莊生之眞者存焉？（司馬遷亦以莊子「作漁父、盜跖、胠篋……」）

〔註30〕見林耀曾教授所著《中國哲學論叢（一）》，楊朱與道家學說思想的發展一文。

再補以彭蒙、田駢、愼到，用述天下篇與道家學說之關係。

（一）天下篇並未直接評及楊朱

楊朱未有專著傳世，莊子書中言及楊朱者數處，然偏舉其好名失性，用力失眞，與楊朱眞正精神「全性保眞，不以物累形」〔註31〕頗有出入，且「楊墨」連稱，似又與「形勞」之墨子相類——

> 纍瓦結繩竄句，遊心於堅白同異之說，而敝跬譽無用之言非乎？而楊、墨是已。故此皆多駢旁枝之道，非天下之至正也。彼正正者，不失其性命之情。（駢拇篇）

按：郭嵩燾曰，跬譽，猶咫言，謂邀一時之近譽也。

> 削曾史之行，鉗楊墨之口，攘棄仁義，而天下之德始玄同矣。……彼曾、史、楊、墨、師曠、工倕、離朱者，皆外立其德，而以爚亂天下者也。（胠篋篇）

按：成玄英曰，言數子者，皆標名於外，炫燿群生。

> 且夫失性有五，一曰五色亂目，使目不明；二曰五聲亂耳，使耳不聰；三曰五臭薰鼻，困惾中顙；四曰五味濁口，使口厲爽；五曰趣舍滑心，使性飛揚。此五者，皆生之害也，而楊墨乃始離跂自以爲得，非吾所謂得也。（天地篇）

按：成玄英疏，離跂，用力貌也。言楊朱、墨翟各擅己能，失性害生，以此爲得，既乖自然之理，故非莊生之所得也。

> 莊子曰，射者非前期而中，謂之善射，天下皆羿也，可乎？惠子曰，可。莊子曰，天下非有公是也，而各是其所是，天下皆堯也。可乎？惠子曰，可。莊子曰，然則儒、墨、楊、秉四，與夫子爲五，果孰是邪？……惠子曰，今夫儒、墨、楊、秉，且方與我以辯，相拂以辭，相鎮以聲，而未始吾非也。（徐无鬼篇）

按：郭子玄曰，莊子以此明妄中者非羿，而自是者非堯；若皆是也，則五子何爲復相非乎？

除此四篇外，莊子他篇中則又有「陽子」（在山木篇），又有「陽子居」（在應帝王篇、寓言篇；寓言篇末陽子居遇老聃遽呼「夫子」而自稱「弟子」），前人或據司馬氏所云「陽子，陽朱也」及陸德明釋文所云「姓陽，名朱，字子居」，合陽子居，陽子爲一人而以爲楊朱即莊子中之「陽子居」，

〔註31〕見《淮南子·氾論訓》。

果爾，則楊朱是爲老子之學生？然非也〔註32〕。

（二）楊朱思想概述

莊子書以外，孟子亦嘗云「距楊墨之言」，唯不免斷章取義，實不及楊朱全體眞相，荀子一以是否合王制以非諸子，僅非及楊朱末流，兩漢書中淮南子、說苑皆有提及，惜語焉而不詳。今所存楊朱思想之原始資料，以《列子·楊朱篇》爲主，另佐以《韓非子》及《呂氏春秋》而爲輔，較爲可信〔註33〕。因據此三書略述楊朱思想。

首先言楊朱輕物重生之思想。

楊朱篇云：

> 楊朱曰，生民之不得休息，爲四事故。一爲壽，二爲名，三爲位，四爲貨。有此四者，畏鬼、畏人、畏威、畏刑，此謂之遁人也。可殺可活，制命在外。不逆命，何羨壽？不矜貴，何羨名？不要勢，何羨位？不貪富，何羨貨？此之謂順民也。天下無對，制命在內。

壽、名、位、貨，物也，必輕之，方可爲輕物之順民；不遵命，「故從心而動，不違自然所好」，不羨壽而壽自永矣。此亦輕物之所以重生也。故《呂氏春秋·重己篇》亦云：

> 今吾生之爲我有，而利我亦大矣。論其貴賤，爵爲天子，不足以比焉。論其輕重，富有天下，不可以易之。論其安危，一曙失之，終

〔註32〕參考林師中國學術流變史筆記，「道家學術思想流變」一節。林師列舉三點理由：

①莊子書中明作「陽」子居，及楊朱，則作「楊」而已，且楊墨並稱。可見二人不同。

②應帝王篇云：陽子居敢問老子「明王之治」，此非楊朱之學也。

③晉李頤註莊，以爲「居，名也；子，男子通稱。」生謹案：《呂氏春秋·不二篇》（審分覽第五，卷十七）「陽生貴己」句下，高誘註云：「輕天下而貴己，孟子曰，陽子拔體一毛以利天下，弗爲也。」是以陽生即陽子，亦即楊朱，此處「陽」「楊」固以聲通假者，似乎不足以例莊子書。

〔註33〕林師云：「列子這部書差不多已公認是魏晉時人所僞造，但楊朱篇所記載的都是楊朱的言語行事，與列子實無關連，很可能編造列子的作者把它雜入勉強湊成漢志著錄八篇的數目，觀其內容，組織嚴密，思想透闢，並不抄襲其他諸子的言論，文字體裁也與列子中其他各篇相異，所以，列子的楊朱篇中存有較多有關楊朱思想的原始資料，大體是可信的。（胡適，門啓明先生亦主此說）……楊朱篇……裡面有好些帶有極端厭世縱慾而頹廢的話……是後人所摻入的……不能把它按在楊朱頭上。」見林耀曾教授著《中國哲學論叢（一）》頁 90。

身不復得。此三者有道者之所慎也。有慎之而反害之者，不達乎性
命之情也，不達乎性命之情，慎之何益？……世之人主貴人，無賢
不肖，莫不欲長生久視，而日逆其生，欲之何益？凡生長也，順之
也，使生不順者，欲也。故聖人必先適欲。

次言楊朱全性保真不以物累形之思想。

楊朱篇云：

楊朱曰，人肖天地之類，懷五常之性，有生之最靈者也。人者，爪
牙不足以供守衛，肌膚不足以自捍禦，趨走不足以逃利害，無毛羽
以禦寒暑，必將資物以為養性，任智而不恃力。故智之所貴，存我
為貴；力之所賤，侵物為賤。然身非我有也，既生，不得不全之；
物非我有也，既有，不得不去之。

又云：

楊朱曰，伯成子高不以一毫利物，舍國而隱耕。大禹不以一身自利，
一體偏枯。古之人損一毫利天下不與也。悉天下奉一身不取也。人
人不損一毫，人人不利天下，天下治矣。

又云：

矜一時之毀譽，以焦苦其神形，要死後數百年中餘名，豈足潤枯骨，
何生之樂哉？

存我全生者，存我五常之性，全我最靈之身也；直言損一毫而利天下不與而
無諱，不欲侈談假仁虛義，保持天真而已；不奔競於賢愚、好醜、成敗、是
非之間，用焦苦神形，則不以物累形矣。

故《呂氏春秋・貴生篇》云：

全生為上，虧生次之，死次之，迫生為下。故所謂尊生者全生之謂，
所謂全生者，六欲皆得其宜也。

《韓非子・顯學篇》云：

今有人於此，義不入危城，不處軍旅，不以天下大利，易其脛一毛。
世主必從而禮之，貴其智而高其行，以為輕物重生之士也。

然則楊朱者以輕物重生為其基本思想，而以全性保真不以物累形為其終極目
的，此楊朱學說之大較也。

（三）天下篇與楊朱思想

吾人根據楊朱學說，反觀莊子天下篇，是知天下篇雖未直接評述楊朱，

實則楊朱固已「韜光晦迹」於其間，何者？天下篇曰：「接萬物以別宥爲始。」應接萬物以去宥除蔽爲先，宥蔽者，重物而輕生也。又曰：「請欲置之以爲主。」「請欲固置五升之飯足矣。」「以情欲寡淺爲內。」請欲讀爲情欲，謂存我之性情，全我之生身，是爲人生基本之常情與欲望〔註34〕，一日五升之飯，厥爲其例，蓋終身以澹泊名利修養而已，情欲寡淺者，適欲全性，重生而不侵物也。天下篇曰：「語心之容，命之曰心之行。」王先謙《莊子集解》云：「成云，『命，名也，發語吐辭，每令心容萬物，即名此容受而爲心行。』案：言我心如此，推心而行亦如此。」以我心而推，則「人類之道德的行爲，皆心理運行自然之結果」〔註35〕，故以爲「爲人」之根本，在於「爲我」，「爲我」之中實已包含「爲人」〔註36〕。如此則「以聏合驩，以調海內」，雖人人不損一毫，不利天下，天下治矣。此皆自有其天眞自然之立足點，有以致之也。天下篇曰：「君子不爲苛察，不以身假物，以爲無益於天下者，明之不如已也。」物固亦養生之主，雖不去物，而亦不可有其物，決不爲外物所役使，不爲物累，不自矯飾，所謂「不累於俗，不飾於物」，長保其眞，則人我不必求有餘，而人我之養，天下之事，皆「畢足」矣。

然則楊朱學說一部分之遺緒或間接由宋鈃、尹文一派所衍繼（如「情欲寡淺」似受楊學之影響。見馮氏《中國哲學史》頁 188），既如上述，而宋、尹同時又有「禁攻寢兵，救世之戰」，「見侮不辱，救民之鬪」，汲汲於「爲人」者，寧不與全性保眞之指扞格而枘鑿乎？誠然，宋、尹一派其所取於墨家者，亦頗爲明顯，「禁攻救世」云云，墨家「汜愛而非鬪」也，「上說下教」云云，墨徒之「堅白觭偶」也，「強聒而不舍」云云，墨子之「勞形枯槁不舍」也，皆所謂「日夜不休」「願天下之安寧以活民命」之「兼利愛人」者也；然而楊、墨之再現而會萃於宋、尹者，宜有深意存焉，蓋宋、尹欲以「心學」冶楊、墨於一爐者也。宋、尹頗重心容，心行等心學，故先以不累不飾，情欲寡淺清白其心，然後說教於天下，願天下之人亦能以此白心，則攻可禁，兵可寢，宇內可以清夷，黔首得以濟活矣（此其心之以爲「有益於天下者」也），白心者，爲我，安活者爲人，人人爲我，天下可治。是故宋、尹表面若爲聏調楊、墨，實則又以楊朱之爲我——全性保眞，不治而治爲其鵠的也。馮友蘭《中

〔註34〕此從梁任公《諸子考釋・天下篇釋義》，「請欲當讀爲情欲」。
〔註35〕同前註。
〔註36〕林師語。

國哲學史》云：

> 天下篇謂其（宋鈃、尹文）「以禁攻寢兵爲外，以情欲寡淺爲内」；
> 是「禁攻寢兵」乃尹文、宋鈃一派之學之一方面；其他「情欲寡淺」
> 之一方面，則墨學所未講也。尹文、宋鈃此一方面之學，似受楊學
> 之影響。由此言之，則尹文、宋鈃實合楊墨爲一，而又各與之以心
> 理學的根據也。

心理學之應用，在「他人有心，予忖度之」之「推我」也，而心理學之原理，
恒植基於「瞭解自我之本眞」之「爲我」之上，故又須「貴己」；宋、尹雖「合
楊墨爲一」，且知以心理學作根據，融合二家，則自根據心理學而言，似又獨
鍾於楊朱，其知楊也如此，故吾人乃疑天下篇宋、尹一段中之「楊學」部分
——亦即主要部分，或係得諸楊朱學說之眞傳者也？至莊子他篇之中，其有
關楊朱「失性」「離跂」等記述，則又楊朱支流末學之弊也乎？

（四）天下篇與其他道家思想

道家思想發展，其初起之主要人物爲楊朱，而其繼起者，除前述宋鈃、
尹文外，同時而承接楊朱者，當亦有彭蒙、田駢、愼到乎？

楊朱篇云：

> 有其物，有其身，是橫私天下之身，橫私天下之物，其唯聖人乎！
> 公天下之身，公天下之物，其唯至人矣！此之謂至至者也。

身不可私，物不可有，既覺私之爲非，又知公之爲是，則所謂公正而不阿黨，
平易而無偏私之至至者也。天下篇亦曰：

> 公而不黨，易而無私。

楊朱篇云：

> 楊朱見梁王，言治天下如運諸掌……對曰，君見其牧羊者乎？百羊
> 而群，使五尺童子荷箠而隨之，欲東而東，欲西而西，使堯牽一羊，
> 舜荷箠而隨之，則不能前矣。

牧羊而能東西如欲者，亦放其意之所好，隨羊而趨，似無主宰而已也。天下
篇亦曰：

> 決然無主，趣物而不兩。

楊朱篇云：

> 萬物所異者生也，所同者死也。生有賢愚貴賤，是所異也；死有臭腐
> 消滅，是所同也。雖然，賢愚貴賤非所能也，臭腐消滅亦非所能也。

故生非所生，死非所死；賢非所賢，愚非所愚；貴非所貴，賤非所賤。

然而萬物齊生齊死，齊賢齊愚，齊貴齊賤。……孰知其異。

萬物皆同歸於自然，不必謀於其前，不必慮之於後，齊萬物，等古今，隨其性分，但當任之，同者自同，異者自異矣。天下篇亦曰：

齊萬物以爲首，曰，天能覆之，而不能載之，地能載之，而不能覆之，大道能包之，而不能辯之；知萬物皆有所可，有所不可，故曰，選則不徧，教則不至，道則無遺者矣。

楊朱篇云：

遑遑爾競一時之虛譽，規死後之餘榮，偊偊爾順耳目之觀聽，惜身意之是非，徒失當年之至樂，不能自肆於一時，重囚纍桔，何以異哉？太古之人，知生之暫來，知死之暫往，故從心而動，不違自然所好；當身之娛，非所去也，故不爲名所勸。從性而游，不逆萬物所好；死後之名，非所取也，故不爲刑所及。名譽先後，年命多少，非所量也。

惜是非則將如囚桔，不如不違自然，不逆萬物，游動一從心性之理則，然後可以免於刑譽也。天下篇亦曰：

「舍是與非，苟可以免」，「動靜無過，未嘗有罪」，「動靜不離於理，是以終身無譽。」

彭蒙等之學，注意於全生免禍之方法，以及對於萬物之觀念，其有得於楊朱者既斑斑可考，是其學亦出於楊朱〔註37〕，而爲道家思想發展之重要過程也。

（五）天下篇與老莊思想

道家思想之發展中，老（包括關尹）、莊思想可謂最爲重要。按老、莊思想中，「楊朱緒餘之論，依然存在」（馮友蘭氏說），吾人即天下篇亦可覆按。如天下篇言老子「人皆取實，己獨取虛，無藏也，故有餘，巋然而有餘」，既以與人己愈有，獨立自足斯爲貴，此有類於楊朱之輕物重生也；「無爲也，而笑巧」，刻雕眾形，失其天然，何巧之有？此有似於全性保眞也；而天下篇又言莊子「獨與天地精神往來」，我之精神即天地之精神，天地之精神即我之精神，亦略近於楊朱之「貴己」。且老莊思想中存有宋、尹以及彭蒙、田駢、愼到等之故物，亦可得而言焉。如老子「常寬容於物，不削於人」，寬容則不苛

〔註37〕採馮友蘭著《中國哲學史》頁199「彭蒙等之學」一節旨趣。

刻也，不削則不嫉妒不侵削也，此宋、尹之所謂「不苟於人，不忮於眾」也。莊子「時恣縱而不儻，不以觭見之也」，不觭見，不以一端見（羅勉道說），則亦宋、尹「接萬物以別宥為始」之意也〔註38〕。又如關尹曰「在己無居，形物自著，其動若水，其靜若鏡，其應若響」，不自是，常無情，而委任萬物，感而後應，靜動自爾，此亦天下篇所謂「慎到棄知去己，而緣不得已，泠汰於物，以為道理」之說也。至莊子「芴漠無形，變化無常，死與生與，天地並與，神明往與，芒乎何之，忽乎何適，萬物畢羅，莫足以歸」，萬物變化紛紜，而不知死生，直與天地同體，與造化同運，大道皆備於我胸中，此亦即彭、田等「齊萬物以為首……道則無遺者矣」之遺緒也。〔註39〕

然而老、莊思想中，其得諸楊朱、宋、彭等人者雖不在少，其實亦僅「緒餘之論」而已，老、莊之所以為老、莊者則各自有其進境，中又以莊子為然也。蓋老子以為保全我生之有身，不如使我「無身」，然揆諸實際，又焉得無身？故有「吾所以有大患者，為吾有身，及吾無身，吾有何患」之歎，若此身之情欲可無，則一切形累俱無，而已自足，將成為天下篇所謂「以本為精」，以「無」為妙道之本，以「無」為萬物之精，微妙玄通，深不可測，謂之博大真人者也。莊子更以為須是「無無」，則自可不物於物，無形可累，隨變而順化，齊死生，同人我，「天地與我並生，而萬物與我為一」，即天下篇所謂「不譴是非，以與世俗處」，「上與造物者遊，而下與外死生無終始者為友」，進入宏闊深肆，調適上遂之絕高境界矣。

天下篇歷敘有關道家思想之發展，隱然自楊朱而宋、尹，而彭、田、慎到，而老而莊，其間雖則楊朱較有利己之功利傾向，宋、尹較有利天下之功利傾向，彭、田、慎到則又去知尚理（理即法則），老、莊始由道德上遂於天地之精神，小大精粗，固有異同，而道家思想之發展，實始終未嘗離乎自然無為之大道，所謂避世，為我，與夫崇尚自然，三者之中既是道家思想之前提，則自然無為，意者以為或可名之為道家之結論乎？然則天下篇之所以綜貫正統之道家學說〔註40〕，完成道家自然無為之學術觀者歟！

〔註38〕別宥者，畢沅疑「宥」與囿同，謂有所拘礙而識不廣也。據《呂氏春秋·去宥篇》，則囿猶「蔽」耳，此所謂「囿」即莊子秋水篇所謂「拘於虛」，「篤於時」，「束於教」之類，亦即一端之謂。

〔註39〕彭蒙等之學說，固與老、莊之學多相同處。見馮友蘭《中國哲學史》頁 195 ～198 所作析論。

〔註40〕許地山《道教史》云：「天下篇所傳，可以說是正統道家底思想。」（頁 30）

貳、涵蓋百家思想

　　天下篇所評述之思想，除後世所謂道家思想之外，對於其餘百家思想亦一并論及，惟泰半詞簡意約又散置篇中，不能悉如道家之詳盡有體，然頗能切中諸家思想肯綮，深得諸家學說要旨也。

（一）天下篇與法家思想

　　天下篇曰：「以法爲分，以名爲表，以參爲驗，以稽爲決，其數一二三四是也。」謂以法度爲分別，以名號爲表率，以所操文書爲徵驗，以稽考所操而決事，如一二三四之數，分明不爽也〔註41〕，此猶後世之所謂刑名法家者乎？法家管子之書，雖非管子自著，要可代表春秋時代以來之法家思想。其他如慎到、申不害、商鞅以及韓非等，則視爲戰國時代之法家思想，今并引述其語，以爲闡明天下篇法家思想之資：

> 法者，天下之程式也，萬事之儀表也。（《管子·明法篇》）
>
> 夫法者，所以興功懼暴也，律者，所以定分止爭也。（《管子·七臣七主篇》）
>
> 積兔滿市，行者不顧，非不欲兔也，分已定也。（《呂氏春秋·慎勢篇》引慎子語）
>
> 故明主使其群臣，不遊意於法之外，不爲惠於法之內，動無非法。（《韓非子·有度篇》）

此天下篇之「以法爲分」也；

> 夫立名號，所以爲尊也。（《韓非子·詭使篇》）
>
> 術者，因任而授官，循名而責實，操殺生之柄，課群臣之能者也。（《韓非子·定法篇》）
>
> 用一之道，以名爲首。名正物定，名倚物徙。故聖人執一以靜，使名自命，令事自定。……君操其名，臣效其形，形名參同，上下調和也。（《韓非子·揚權篇》）

此天下篇：「以名爲表」也；

> 無參驗而必之者，愚也，弗能必而據之者誣也。（《韓非子·顯學篇》）
>
> 今人主之於言也，說其辯而不求其當焉。其用於行也，美其聲而不責其功焉。（《韓非子·五蠹篇》）

〔註41〕參考王先謙《莊子集解》引宣云。

先物行，先理動之謂前識，前識者，無緣而妄意度也。（《韓非子‧解老篇》）

孔子曰：「以容取人乎？失之子羽，以言取人乎？失之宰予！」故以仲尼之智，而有失實之聲。（《韓非子‧顯學篇》）

此天下篇之所以謂之「以參爲驗，以稽爲決」也；

明主之所導制其君者，二柄而已矣。（《韓非子‧二柄篇》）

治國有三本，而安國有四固，而富國有五事。（《管子‧立政篇》）

故省刑之要，在禁文巧；守國之度，在飾四維。（《管子‧牧民篇》）

主之所用也七術，所察也六微。（《韓非子‧內儲說》）

凡人臣之所道成姦者，有八術。（《韓非子‧八姦篇》）

另有「六反」「八說」「八經」「十過」等篇，皆見韓非子，不具引。

此天下篇之「其數一、二、三、四」是也；

又《管子‧任法篇》云：「夫法者，上之所以一民使下也。私者，下之所以侵法亂主也。」慎子逸文云：「法者，所以齊天下之動，至公大定之制也。故智者不得越法而肆謀，辨者不得越法而肆議……。」此天下篇所謂「公而不當，易而無私，……不顧於慮，不謀於知」也；又《韓非子‧難勢篇》引慎子云：「吾以此知勢位之足恃，而賢智之不足慕也。……賢智未足以服眾，而勢位足以詘賢者也。」《管子‧法法篇》云：「故雖有明智高行，背法而治，是廢規矩而正方圓也。」《管子‧任法篇》云：「聖君任法而不任智，任數而不任說，任公而不任私，任大道而不任小物，然後身佚而天下治。」此又近於天下篇所謂「謑髁無任，而笑天下之尚賢也，縱脫無行，而非天下之大聖也。」

（二）天下篇與農家思想

天下篇曰：「以事爲常，以衣食爲主，蕃息畜藏，老弱孤寡爲意，皆有以養，民之理也。」視耕織爲日常事務，以生產衣食當做主要之事，置子孫之蕃衍，財物之饒裕，老弱孤寡之撫養於心意之上，此乃百姓生存之理也。〔註42〕此猶後世之所謂農家思想。以下所引韓非子與商君書雖非農家，而實有農家思想存乎其間：

神農之教曰：「士有當年而不耕者，則天下或受其飢矣；女有當年而不績者，則天下或受其寒矣。故身親耕，妻親績，所以見致民利也。」

〔註42〕略參考黃錦鋐氏《新譯莊子讀本》；「耕織」一語則本成玄英疏。

（《呂氏春秋‧愛類篇》）

有爲神農之言者許行，自楚之滕。……文公與之處，其徒數十人，皆衣褐、捆屨、織席以爲食。（《孟子‧滕文公上篇》）

今上急耕田墾草，以厚民生也，……徵賦錢粟，以實倉庫，且以救饑饉備軍旅也。（《韓非子‧顯學篇》）

夫農者寡而游食者眾，故其國貧危。……聖人知治國之要，故令民歸心於農，歸心於農，則民樸而可正也。（《商君書‧農戰篇》）

李悝爲魏文侯作盡地力之教。……善爲國者，使民無傷，而農益勸。（《漢書‧食貨志》）

（三）天下篇與陰陽家思想

天下篇曰：「明於本數，係於末度……其明而在數度者，舊法世傳之史，尚多有之。」戴君仁氏云：「明於本數，謂精通律歷等科學性的數，及五行生成神祕性的數，這是本；推之於民生日用的度量衡等，並及一切制度，這是末。」又云：「陰陽之學更高是從上古一直流傳下來的，所以他（指《莊子‧天下篇》）說是舊法世傳之史，……舊法世傳之史爲陰陽家之先輩。」〔註43〕，戴氏此說誠發前人所未發，準此而言，是則天下篇亦已有後世所謂陰陽家思想也：

曆象日月星辰，敬授民時。三百有六旬有六日，以閏月定四時成歲。（《尚書‧堯典》）

昔者黃帝以其緩急作立五聲，以政五鍾。……五聲既調，然後作立五行以正天時，五官以正人位。人與天調，然後天地之美生。（《管子‧五行篇》）

鄒衍……深觀陰陽消息，而作怪迂之變。（《史記‧孟荀列傳》）

鄒子疾晚世之儒墨，不知天地之宏曠，守一隅而欲萬方。……於是推大聖終始之運，以喻王公列士，所謂中國者，天下八十一分之一，名曰赤縣神州，而分爲九。川谷阻絕，陵陸不通，乃爲一州。有八瀛海環其外，此之謂八極，而天下際焉。（《鹽鐵論‧論鄒篇》）

（四）天下篇與儒家思想

天下篇曰：「其在於詩書禮樂者，鄒魯之士，縉紳先生多能明之。詩以道

〔註43〕語見戴氏〈讀莊子天下篇〉一文，載《大陸雜誌語文叢書》第三輯第一冊頁261。

志，書以道事，禮以道行，樂以道和，易以道陰陽，春秋以道名分。」鄒魯之士，搢紳先生，後世所謂儒者也。詩書禮樂等，後世所謂六藝也，「道」者，導也，教也，故周禮太宰注「儒有六藝以教人者」也。後世儒家思想大抵「祖述堯舜，憲章文武，宗師仲尼」，此既特指鄒魯之士，則當以孔子或其弟子之思想爲宗師者也。先言「詩以道志」，志，情志也：

> 其爲人也溫柔敦厚，詩教也。（《禮記・經解篇》引孔子語）
>
> 子曰：「詩三百，一言以蔽之，曰：思無邪。」（《論語・爲政篇》）
>
> 不學詩，無以言。（《論語・季氏篇》）
>
> 子曰：「小子！何莫學夫詩？詩可以興，可以觀，可以群，可以怨。」（《論語・陽貨篇》）

其次言「書以道事」，事，古事也：

> 疏通知遠，書教也。（《禮記・經解篇》引孔子語）
>
> 子所雅言：詩、書、執禮，皆雅言也。（《論語・述而篇》）
>
> 子張曰：「書云：『高宗諒陰，三年不言』，何謂也？」子曰：「何必高宗，古之人皆然。君薨，百官總己以聽於冢宰，三年。」（《論語・憲問篇》）
>
> 按：「書云」所引，係今所見《尚書・無逸篇》原作「（高宗）乃或亮陰，三年不言」。亮陰，謂居喪，或說天子宜愼言語。
>
> 堯曰：「咨！爾舜！天之曆數在爾躬，允執其中！四海困窮，天祿永終。」舜亦以命禹。（《論語・堯曰篇》）
>
> 按：詳見《尚書・大禹謨》。

其次言「禮以道行」，行，民之行也；

> 恭儉莊敬，禮教也。（《禮記・經解篇》）
>
> 不學禮，無以立。（《論語・季氏篇》）
>
> 生，事之以禮：死，葬之以禮，祭之以禮。（《論語・爲政篇》）
>
> 克己復禮爲仁。……非禮勿視，非禮勿聽，非禮勿言，非禮勿動。（《論語・顏淵篇》）
>
> 子曰：恭而無禮則勞，愼而無禮則葸，勇而無禮則亂，直而無禮則絞。（《論語・泰伯篇》）
>
> 君子敬而無失，與人恭而有禮，四海之內，皆兄弟也。（《論語・顏淵篇》）

子張問：「十世可知也？」子曰：「殷因於夏禮，所損益可知也。周因於殷禮，所損益可知也。其或繼周者，雖百世可知也。」（《論語‧為政篇》）

其次言「樂以道和」，和，雅正中和也：

廣博易良，樂教也。（《禮記‧經解篇》）

惡鄭聲之亂雅樂也。（《論語‧陽貨篇》）

子曰：「吾自衛返魯，然後樂正，雅頌各得其所。」（《論語‧子罕篇》）

子謂：「韶，盡美矣，又盡善也。」謂：「武，盡美矣，未盡善也。」（《論語‧八佾篇》）

子語魯太師樂，曰：「樂其可知也。始作，翕如也。從之，純如也，皦如也，繹如也。以成。」（《論語‧八佾篇》）

其次言「易以道陰陽」，陰陽，天地之大理也：

絜靜精微，易教也。（《禮記‧經解篇》）

子曰：「乾坤，其易之門邪？乾，陽物也；坤，陰物也。陰陽合德，而剛柔有體，以體天地之撰，以通神明之德。」（《易‧繫辭下傳》第六章）

子曰：「夫易何為者也？夫易開物成務，冒天下之道，如斯而已也」。（《易‧繫辭上傳》第十一章）

子曰：「易其至矣乎！夫易，聖人所以崇德而廣業也。」（《易‧繫辭下傳》第七章）

子曰：「加我數年，五十以學易，可以無大過矣。」（《論語‧述而篇》）

末言「春秋以道名分」，名分，微言大義也〔註44〕：

屬辭比事，春秋教也。（《禮記‧經解篇》）

晉文公譎而不正，齊桓公正而不譎。（《論語‧憲問篇》）

文公元年，「冬十月丁未，楚世子商臣弒其君髡」。（《春秋經》）

按：高明先生曰：「加『世子』兩字，這說明他不僅弒君，而且弒父，

〔註44〕高明先生曰：「春秋裡對吳楚的國君只稱『子』，對齊晉的國君只稱『侯』……周天子雖已不能左右天下的局勢，但仍稱『天王』，春秋每年仍大書『春王正月』，尊奉周的正朔；這都是正名分的微旨，莊子天下篇說『春秋以道名分』，對孔子的春秋教確是有所見而云然。……孔子所謂『正名』，除了正名字，正名分外，實在還含有『辯是非』、『寓褒貶』的意思在內，而他最後的目的，則在闡明一個『義』字。」見高先生所撰《孔學管窺》一書，頁154。

他的罪更大。」〔註45〕

隱公四年，「九月，衛人殺州吁于濮。」

昭公十三年，「夏四月，楚公子比自晉歸於楚，弒其君於乾谿。」

哀公四年，「春王二月庚戌，盜殺蔡侯甲」。

按：高先生略云：「蔡侯申不稱『其君』，可見殺他們的人不認爲與他們有君臣之分。書『于濮』『于乾谿』，這都顯示事件發生在國外。像這些都是以一、二字的差別，來辨是非，寓褒貶，而闡明大義的。」〔註46〕

（五）天下篇與墨家思想

天下篇曰：「不侈於後世，不靡於萬物，不暉於數度……作爲非樂，命之曰節用，生不歌，死無服，墨子汎愛，兼利而非鬪。」非樂、節用，今墨子書之篇名也，汎愛、兼利、非鬪亦同於墨子書兼愛、非攻二篇之義也。近人錢基博云：「《墨子·魯問篇》：墨子之語魏越曰：『凡入國，必擇務而從事焉。國家昏亂，則語之尚賢、尚同。國家貧，則語之節用、節葬。國家憙音沈湎，則語之非樂、非命。國家淫僻無禮，則語之尊天、事鬼。（按或指〈天志〉、〈明鬼〉二篇？）國家務奪侵陵，則語之兼愛、非攻。』今墨子書雖殘缺，然自尚賢至非命三十篇，所論略備〔註47〕。而要其歸，不外節用、兼愛，其餘諸端，皆由節用、兼愛推衍而出。如節葬、非樂諸義，由節用而出者也。上同、上賢、非攻諸義，皆由兼愛而出者也。」又云：「莊生雖並稱兼愛，而特側重於節用；所謂開宗明義，特揭其出古之道術曰：『不侈於後世，不靡於萬物，不暉於數度』者也。」〔註48〕茲再略引墨子書，以說明天下篇中墨家思想之一二：

> 子墨子之所以非樂者，非以大鐘、鳴鼓、琴瑟，竽笙之聲，以爲不樂也。……雖……耳知其樂也；然上考之，不中聖王之事，下度之，不中萬民之利。是故子墨子曰：爲樂非也。（《墨子·非樂篇上》）

〔註45〕見《孔學管窺》頁158。
〔註46〕見《孔學管窺》頁159。
〔註47〕嵇哲氏略云：「胡適《中國哲學史大綱》，分墨子書各篇爲五組，其第二組三十四篇，爲墨子學說之要旨。」按第二組計有：尚賢三篇、尚同三篇、兼愛三篇、非攻三篇、節用兩篇、節葬一篇、天志三篇、明鬼一篇、非樂一篇、非命三篇、非儒一篇，凡廿四篇。
〔註48〕見錢氏《莊子天下篇疏記》。

　　古者聖王制爲節用之法，曰：凡足以奉給民用則止；諸加費不加於
　　民利者，聖王弗爲。……古者聖王制爲節葬之法曰：衣三領，足以
　　朽肉，棺三寸，足以朽骸。(〈節用篇中〉)

　　然則兼相愛，交相利之法，將奈何哉？子墨子言曰：「視人之國，若
　　視其國，視人之家，若視其家，視人之身，若視其身。是故……天下
　　人之皆相愛，強不執弱，眾不劫寡，富不侮貧，貴不傲賤，詐不欺愚。
　　凡天下禍篡怨恨，可使毋起者，以其相愛生也。」(〈兼愛篇中〉)

　　今王公大人天下之諸侯……以往攻伐無罪之國……率進而柱乎
　　闉……此實天下之巨害也。今欲爲仁義，求爲上士，尚欲中聖王之
　　道，下欲中國家百姓之利，故當若非攻之爲説。(〈非攻篇下〉)

（六）天下篇與小說家思想

　　天下篇曰：「上說下教，雖天下不取，強聒而不舍者也。故曰：上下見厭
而強見也。」梁啓超云：「(荀子)〈正論〉篇云，『今子宋子嚴(儼)然而好
說，聚人徒，立師學，成文曲。』又云，『率其群徒，辨其談說，明其譬稱。』
合諸此文，則宋鈃對於其主義熱烈宣傳狀況可以想見。」〔註49〕宋鈃熱烈宣
傳其主義之狀況，由「強聒」「強見」二語，可以想見，其思想或略近於「飾
小說以干縣令」〔註50〕之「小說」思想而與「從者合眾弱以攻一強，而衡者
事一強以攻眾弱」〔註51〕之縱橫思想爲兩端也？另錄有關宋鈃遺事於左：

　　宋牼將之楚，孟子遇於石丘，曰：先生將何之？曰：吾聞秦楚構兵，
　　我將見楚王，說而罷之；楚王不悅，我將見秦王，說而罷之。二王
　　我將有所遇焉。(《孟子‧告子篇下》)

按：趙岐注，宋牼，宋人，名牼，孫奭正義，牼與鈃同。

　　不知壹天下，建國家之權稱，上功用大儉約而僈差等，曾不足以容
　　辨異縣君臣，然而其持之有故，其言之成理，足以欺惑愚眾，是墨
　　翟宋鈃也。(《荀子‧非十二子篇》)

　　宋榮子之議設不爭鬪，取不隨仇，不羞囹圄，見侮不辱，世主以爲
　　寬而禮之。(《韓非子‧顯學篇》)

按：馬國翰云，宋鈃，《韓非》作宋榮子。

─────────────

〔註49〕見梁著《諸子考釋》。
〔註50〕《莊子‧外物篇》。
〔註51〕《韓非子‧五蠹篇》。

（七）天下篇與名家思想

天下篇曰：「惠施不辭而應，不慮而對，徧爲萬物說，……以反人爲實，而欲以勝人爲名……卒以善辯爲名。」又曰：「桓團、公孫龍，辯者之徒，飾人之心，易人之意，能勝人之口，不能服人之心，辯者之囿也。」辯者之所以能善辯，必有取資也，其術猶後世所謂名學：

> 白圭新與惠子相見也，惠子說之以彊。白圭無以應，惠子出，白圭告人曰：「人有新取婦者，婦至宜安矜，烟視媚行。……今惠子之遇我尚新，其說我有太甚者。」（《呂氏春秋・不屈篇》）

> 公孫龍之爲人也，行無師，學無友，佞給而不中，漫衍而無家，好怪而妄言，欲惑人之心，屈人之口，與韓檀等肆之。（《列子・仲尼篇》）

按：錢穆先生《先秦諸子繫年・考辨》一五二條云，「桓團，《列子・仲尼篇》作韓檀」。

諸子百家，或主自然無爲之精神境界，或求富國強國之功利目標，或重民生，或重文物，而善辯如惠子，亦能有俠義之行，折衝之術〔註52〕，故知各家莫不在悅乎古之道術，以探索天地之純，古人之大體；顧天下篇乃以爲各家雖僅得於道術之一部分，不免不見其「純」而裂道，則「往而不返，必不合矣」。但不合亦只得聽其不合，天下篇既不預設某種標準，以統一各家，似亦未有折衷各家，以恢復道術之統一之想法，既有各家，即任其自爾，此乃道家齊物之基本態度，〔註53〕亦天下篇之所以能綜貫與涵蓋各家學說思想之緣故也。

〔註52〕見《呂氏春秋・淫辭篇》，《韓非子・說林篇》。
〔註53〕說見馮友蘭與張可爲合作之〈原雜家〉一文。

第二章　天下篇之作者暨其產生時代

第一節　作者問題之討論

　　《莊子・天下篇》之作者，歷代以來，有主張係莊子本人親撰者，有主張乃莊子門人後學所爲者，更有主張或深於道術之儒者所著，附於莊子書末者，以及其他意見。茲略述其要如下：

壹、莊子本人所撰

（一）晉郭象說

郭象注莊子至天下篇「芒乎昧乎，未之盡者」一句下云：

> 莊子通以平意說己，與說他人無異也。案其辭明爲汪汪然，禹拜昌言，亦何嫌乎此也！

又於天下篇末注云：

> 昔吾未覽莊子，嘗聞論者爭夫尺棰連環之意，而皆云「莊生之言」。

莊子較評諸子，全以均等之詞意汪汪自適出之，自說亦不例外。又聞有關惠施等辯者二十一事爲莊生之言。其實，論者所謂莊生之言，乃莊生論列惠施與天下辯者其舛駁不中之言也，此亦皆子玄所以視天下篇爲莊子所撰者也。

（二）唐陸德明說

陸德明《經典釋文》卷二十八〈莊子音義〉天下篇第三十三結尾云：

> 子玄之注，論其大體，眞可謂得莊生之旨矣。郭生前歎膏粱之塗說，余亦晚觀貴遊之妄談。斯所謂異代同風，何可復言也！或曰，莊惠

標濠梁之契，發郢匠之模，而云「其書五車，其言不中」何也？豈契若郢匠，褒同寢斥，而相非之言如此之甚者也？答曰，夫不失欲極有教之肆，神明其言者，豈得不善其辭而盡其喻乎！莊生振徽音於七篇，列斯文於後世，重言盡涉玄之路，從事發有辭之敘，雖談無貴辯，而教無虛唱，然其文易覽，其趣難窺，造懷而未達者，有過理之嫌，祛斯之弊，故大譽惠子之云辯也。

「重言盡涉玄之路」者，指莊生內七篇之徽音也，「從事發有辭之敘」者，則指天下一篇也。陸氏以斯文爲莊生所列，蓋同郭氏也。

（三）宋羅勉道等說

羅勉道《南華眞經循本》云：

莊子固自奇其文。

又云：

莊子即老聃之學，前既贊老聃爲博大眞人，則莊子復何言哉？故末一段只說著書事。

「自奇其文」與「復何言」者，皆謂莊子也。

王安石〈莊子論〉一文云：

昔先王之澤，至莊子之時竭矣，天下之俗譎詐大作，質樸並散……莊子病之，思其說以矯天下之弊，而歸之於正也。……又懼來世之遂實吾說而不見天地之純，古人之大體也，於是又傷其心於卒篇以自解，故其篇曰：「詩以道志，書以道事，禮以道行，樂以道和，易以道陰陽，春秋以道名分。」

「自解」者，莊子自解也。

王雱《南華眞經新傳》云：

夫聖人之道，不欲散；散則外，外則雜，雜則道德不一於天下矣。此莊子因而作天下篇。

蘇老泉（洵）云（見湘綺老人輯評《莊子南華經》）：

序古今之學問，猶孟子末篇意，自列其書於數家中，而序鄒魯於總序前，便見學問本來甚正。

蘇軾〈莊子祠堂記〉云：

莊子之言……其論天下道術，自墨翟、禽滑釐、彭蒙、愼到、田駢、關尹、老聃之徒，以至於其身，皆以爲一家。

此蘇氏父子以爲莊子之自論天下道術也。

呂惠卿《莊子義》卷十云：

> 夫莊子之所體者，獨與天地精神往來，而不傲倪於萬物，故其言亦
> 然。……唯其有諸中，而充實不可以已。

林希逸《南華眞經口義》云：

> 莊子於末篇序言今古之學問，亦猶孟子聞知見知也。自「天下之治
> 方術者多矣」至於「道術將爲天下裂」，分明是一個冒頭，既總序了
> 方隨家數言之，以其書自列於家數之中，而鄒魯之學乃鋪述於總序
> 之內，則此老之心亦以其所著之書，皆矯激一偏之言，未嘗不知聖
> 門爲正也。

褚伯秀《南華眞經義海纂微》云：

> 此段南華首於論化，次則述所言所行。

又云：

> 敍莊其論天下古今道術備矣，繼之以自敍，明其學出於老聃也。

林疑獨《莊子註》云：

> 莊子立言，矯時之弊；自知不免謬悠、荒唐。是以列於諸子聞風之
> 後，恣縱所言。

此諸家明以莊子爲「末篇」（即天下篇）之作者也。

（四）明劉概等說

劉概云：

> 聖人之因時者，有不得已也，孔子之下，諸子之立家者，各是其是
> 也。莊子之時，去聖已遠，道德仁義，裂於楊、墨，無爲清靜，墜
> 於田、彭，於是宋鈃、尹文之徒，聞風而肆，莊子思欲復仲尼之道，
> 而非仲尼之時，遂高言至道，以矯天下之早（按、「早」字疑爲「卑」
> 字之誤）無爲復朴，以絕天下之華，清虛寂，以拯天下之濁。謂約
> 言不足以解弊，故曼衍而無家，謂莊語不足以喻俗，故荒唐而無崖。
> 其言好尊老聃，而下仲尼，至論百家之學，則仲尼不與焉。蓋謂道
> 非集大成之時，則雖博大眞人，猶在一曲，老聃一書，得吾之本，
> 故調適而上遂，惠子之書，得吾之末，未免一曲而已。嗚呼，諸子
> 之書，曷嘗不尊仲尼哉？知其所以尊者，莫如莊子，學者致知於言
> 外可也。（語見明焦竑《莊子翼》引劉概總論）

「老聃之書」「惠子之書」，是否皆由莊子所出，此雖值得商榷，而所謂「得吾之本」「得吾之末」者，固皆在申引莊子其人著述此篇之語氣也。

李元卓《莊列十論》，古之道術論第九云：

> 莊周之書，卒於是篇，深包大道之本，力排百家之敝，而終以謬悠之說，無津涯之辭，自列於數子之末，深抵其著書之跡，以望天下後世，孰謂周蔽於天而爲一曲之士。

焦竑《焦氏筆乘》云：

> 凡莊生之所述，豈特墨翟、禽滑釐以來爲近於道，卽惠施之言亦有似焉者也。劉辰翁所謂「唯愛之，故病之；而不知者以爲疾也，毀人以自全也，非莊子也。」

「莊周……自列於數子之末」「不知者以爲疾也，毀人以自全也」，謂莊子「自列」，莊子「自全」也。

陸西星《南華眞經副墨》云：

> 天下篇莊子後序也，歷敍古今道術淵源之所自，而以自己承之，卽孟子終篇之意，末擧惠施強辯之語，而斷之以「存雄而無術」，闢邪崇正之意見矣。

此說譬諸孟子終篇，與前述宋林希逸、蘇洵論莊周爲天下篇作者略同，「孟子終篇之意」，亦卽「見知」「聞知」之意〔註1〕。

王宗沐云：

> 莊子序道術，而以終乃借惠子相形。細讀書中，惟惠子嘗有辯難，豈當時疑惠子與莊子並者而姑破之耶？（見《南華眞經評註》所引）

歸震川批點《南華眞經評註》云：

> 先敍道術根源，後別諸子，而莊生自爲一家，末辯惠子。

曰「莊子序道術」，曰「莊生自爲一家」，蓋皆以莊子爲此文者也。

方以智《藥地炮莊》在天下第三十三「芒乎昧乎，未之盡者」一段後云：

> 陸方壺曰，「莊叟自敍道術，乃在著書上見得，句句是實，卻非他人

〔註1〕朱熹《四書集註》孟子盡心下末章註云：「林氏曰，孟子言孔子至今時未遠，鄒魯相去又近，然而已無有見而知之者矣，則五百餘歲之後，又豈復有聞而知之者乎？愚按此言，雖若不敢自謂已得其傳，而憂後世遂失其傳，然乃所以自見，其有不得辭者，而又以見夫天理民彝，不可泯滅，百世之下，必將有神會而心得之者耳，故於篇終，歷序群聖之統，而終之以此，所以明其傳之有在，而又以俟後聖於無窮也，其旨深哉！」

過爲夸誕者。」愚曰，「莊子雖稱老子，而其學實不盡學老子，故此
處（按、指論莊周一段）特立一帽子自戴之；非芒昧也，何能滑疑，
非滑疑也，何能稠適而上遂乎？萬物畢羅，莫足以歸……莊子若生
今日，其必舉本數末度，六通四辟之畢羅，重新註解明矣。」

陳深《莊子品節》云：

此篇自敘著書之意。

又云：

通章（指論莊周一章）言著書。莊周自敘道術只在著書上見。

所謂「特立一帽子自戴之」，「其必舉本數末度……重新註解」云云，亦以莊
叟爲「自敘道術」之人也。

郭良翰《南華經薈解》云：

莊周自敘己之學即接老子。

劉士璉《南華春點》云：

莊子不得已，恐後世之學者不幸而不見天地之大全，故歷敘百家眾
技之說，以曉明邪正路頭之有差別，……此書所以作，以見己之學，
一皆本于道德，而非方術將以救世也。……故此篇乃本經之末序，
序其著書之本旨也。〔註2〕。

劉氏又於天下篇之末結語云：「莊子通篇敘其著書之本旨。」是劉氏以此篇爲
莊子所作也。

譚元春《莊子南華眞經評》云：

讀史記自序傳贊等篇，知其胎息是文（指天下篇）也。……古人書
中多藏自序，周也慨歎衰晚民生離于王風，儒效不臻，別墨滿天下，
故傷心卒章，有後世學者，不見天地之純，古人大體之語。……（墨、
禽、宋、尹、慎到一輩）多爲豪傑所笑，亦以才短故。然大道既壞，
非謑刻深苦，不能高自出塵……故莊子列之。惟關尹老聃□□爲至
極，因讚曰「古之博大眞人哉」，不離于眞謂之至人，去才士遠矣。
然至人在天人、神人下，觀莊所自道，其有不離宗，不離精之想乎。
至人一座，猶似傲然不屑焉，狂哉周也。周慮人將誕其說，乃曰「彼
其充實不可以已」。

〔註2〕此說亦見明釋性通《南華發覆》引；《南華發覆》今輯錄於《莊子集成續編》
中。

所謂「傷心卒章」者，莊周悲夫之嘆也，列敘諸家之高自出塵者莊子也，「觀莊所自道」「周慮人將誕其說」云云，皆目此篇爲莊周之所著者也。

（五）清王夫之等說

王夫之《莊子解》云：

> 系此（按、指天下篇）於篇終者，與孟子七篇末舉狂獧鄉愿之異，而歷述先聖以來，至於己之淵源，及史遷序列九家之說，略同，古人撰述之體然也。其不自標異，而雜處於一家之言者，雖其自命有籠罩群言之意，而以爲既落言詮，則不足以盡無窮之理。……或疑此篇非莊子之自作，然其浩博貫綜，而微言深至，固非莊子莫能爲也。

陸樹芝《莊子雪》云：

> 此莊子自序南華所由作也；或以爲訂莊者之所爲，然非莊子不能道也。……語道術則己亦非其倫，語方術則己實居其至，此莊子之所以自處也。

胡文英《莊子獨見》云：

> 細玩此篇，筆力雄奮奇幻，環曲萬端，有外、雜篇之所不能及者，莊叟而外，安得復有此驚天破石之才？

方潛《南華經解》云：

> （天下篇）自序也。

周金然《南華經傳釋》云：

> 天下篇爲莊子自敍，立言之宗，援引古聖賢，乃至於百家，各有品第；唯獨稱老子爲博大眞人。

王闓運《莊子內篇注》云：

> 褙篇卅三天下篇者，蓋莊子自敍，後人移之書後也，……余故獨取綴之以明內篇。〔註3〕

宣穎《南華經解》云：

> 一部大書之後，作此洋洋大篇，以爲收尾，如史記之有自敍一般。遡古道之淵源，推末流之散失，……以老子及自己收服諸家，接古學眞派，末用惠子一段，止借以反襯自家而已。

以上數家明皆以爲此篇乃莊子自敍者也。

〔註3〕明刊本《南華經集註》七卷（潘基慶）註內七篇已附天下篇於卷首曰：「莊子自序天下篇」。該本今見《莊子集成初編》。

（六）民國以後廖平等說

廖平《莊子經說敘意》云：

> 莊子以天下篇爲自序，以六經爲神化；老聃與己皆爲方術。

阮毓崧《莊子集註》云：

> 明陸西星撰《南華經副墨八卷》，謂此篇即莊子後序，其歷敍古今道術而顯然以己承之，則即孟子終篇之意，頗爲有見，故至今注此篇者承用其說云。

梁啓超《諸子考釋》云：

> 古人著書，敍錄皆在全書之末，如《淮南子・要略》、《史記・太史公自序》、《漢書・敍傳》，其顯例也。天下篇即莊子全書之自序。

羅根澤〈莊子外雜篇探源〉云：

> 對此篇（按、即天下篇）我頗擁護傳統的見解，疑心是莊子的自序。

〔註4〕

陳柱〈闡莊中〉云：

> 莊子天下篇首列天下之人物爲七等，其《漢書・古今人表》所自昉乎？次論學術之原流得失，其《淮南子・要略》、〈司馬談論六家要旨〉、班氏藝文志所自昉乎？……莊子之意，蓋以此七等別天下人之品類，以謂道無乎不在，而爲人之等不同，則亦各道其道而已。

「自昉」者，自始也，馬班等之論略，猶如莊子之論天下篇也。

林鼐士校《莊子大傳》云：

> 天下篇，自敍著書之緣起與指歸，如淮南子之〈要略〉，潛夫論之〈敍錄〉，論衡之〈自紀〉，法言之〈敍目〉，文心雕龍之〈序志〉，說文解字之〈自敍〉，史記〈太史公自序〉，漢書班固〈敍傳〉是也。

錢基博《讀莊子天下篇疏記》云：

> 「內聖外王之道」，莊子所以自名其學，而奧旨所寄，盡於逍遙遊，齊物論兩篇。……
>
> 「內聖外王」而未造其極者，莊周之自敍是也。

蔣錫昌《莊子哲學・天下校釋》云：

> 「方術」者，乃莊子指曲士一察之道而言。

又云：

> 此莊子自言以洮洋無稽之說，屬書離辭，以恣縱無拘，不偏不黨爲
> 旨，蓋雅不以一曲奇道，見之天下，一如治方術者所爲也。（按、指
> 「以謬悠之說……不以觭見之也」一段而言）

又云：

> 蓋此乃莊子自言其全書體例，胥不出此三者之範圍也。（按、指「以
> 天下爲沈濁……以寓言爲廣」一段而言）。

蔣氏復於「獨與天地精神往來……」下釋云，「此莊子自謂對內獨與造物相遊，
而不倨視於萬物也」；於「其書雖瓌瑋而連犿無傷」下釋云，「此莊子自謂其
書雖宏大無極，然和合適物，無傷於人也」；於「其辭雖參差而諔詭可觀」下
釋云，「此莊子自謂其辭雖參差不一，然奇異可觀也」；於「彼其充實不可以
已」下釋云，「此莊子自謂其所著之書，內容充實，多所有也」；於「雖然其
應於化……未之盡者」下釋云，「此莊子自謂於應化解物之理，未能詳舉；於
應化歸物之來，亦未蛻遇；故終覺生命化解之道，有所芒昧未盡；此則不得
不於評論諸子之後，自向讀者告愧者也」。又於「惠施多方，其書五車」下按
云，「莊子敍述『古之道術』，而爲後人聞風悅之者，始自墨翟，終於自己。
至惠施……三人……其爲學精神根本與墨翟等不同，故莊子另於末後附述之
也」。故知蔣氏亦以天下篇爲莊子自言者也。

何敬群《莊子義繹》云：

> 天下篇，莊子自明學術之所本，著書宗旨之所在，及其與天下方術
> 之所以不同者。……惟能芴漠無形，變化無常者，不傲倪於萬物，
> 惟以精神與天地相往來，乃能備其道；茲即莊子自況其所以善學關
> 尹、老聃之道，在於「澹然獨與神明居」。……曰「圖傲乎救世之士
> 哉！」則莊子之按語，……至「以爲無益於天下者，明之不如已也」
> 兩句，則仍莊子按語。

自晉郭子玄以來，學者之直陳或暗指莊周其人爲天下篇全文或部分之作者，
概如上述。其推論之所據，則民國以後諸人，大抵自斯篇體例之比較與文句
之分析以定其作者之誰屬？有清一代則多就其章法之特異與修辭之氣象而言
之，至宋、明則從道術之根源與分別家數之深意而言之，而晉、唐之時，又
按此篇之辭，論莊生之大體，然後反觀天下篇而云皆莊生所列之言矣。學者
於其間所論及者，或重在莊子述道術分裂之迹象，或附惠施言辯之理由，或

略涉莊子之學與老聃之異同，固非悉屬允論，而於解喻天下篇乃莊子所撰一事，皆足以採擇以爲之助焉。

貳、莊子門人、後學所爲

（一）唐成玄英說

成玄英《南華眞經注疏》云：

> 關尹、老子、古之大聖，窮微極妙，冥眞合道，教則浩蕩而弘博，理則廣大而深元，莊子庶幾，故有斯嘆也。（「關尹老聃乎，古之博大眞人哉」下成疏）

又云：

> 莊子應世挺生，冥契玄道，故能致虛遠深宏之說。（「不以觭見之也」下成疏）

另外，成氏又云「莊子之書，其旨高遠」（「其書雖瓌瑋而連犿無傷也」句下）「言此莊書雖復諔詭」（「雖然其應於化而解於物也」句下）。成氏疏解南華天下篇，由上援數語之辭氣觀之，則似以此篇非莊子本人所爲者也？蓋成氏疏逍遙遊「齊諧者，志怪者也，諧之言曰，鵬之徙於南冥也，水擊三千里，搏扶搖而上者九萬里」一句云：「齊諧所著之書，多記怪異之事，莊子引以爲證，明己所說不虛。」所謂「己所說」，莊子自己所說也。又疏齊物論「南郭子綦隱機而坐，仰天而噓，荅焉似喪其耦」一句云：「其人懷道抱德，虛心忘淡，故莊子羨其清高，而託爲論首。」所謂「託爲論首」者，莊子自己以南郭子綦爲齊物論之首也。故知成氏若以天下篇爲莊子之所作，當予明說之，今則否，或成氏以爲此篇是莊子門人或後學之所爲者也？

（二）明朱得之說

朱得之《莊子通義》云：

> 此以天下名篇，……余直以爲南華經之後序，出於學莊之學者，非莊子作也。

（三）清陳壽昌等說

陳壽昌《南華眞經正義》云：

> 此爲南華全部後敘，上下古今，光芒萬丈，以文妙論，自是得漆園之火傳者。

「漆園之火傳」者，莊子之得意門人也。

林雲銘《莊子因》云：

> 此篇爲莊子全書後序，明當日著書之意。一片呵成文字，雖以關尹老莊鰲頂一曲之士來，語意却有軒輊，其敍莊周一段，不與關老同一道術，則莊子另是一種學問可知。段中備極贊揚，眞所謂上無古人，下無來者，莊叟斷無毀人自譽至此，是訂莊者所作無疑。……而議者又以爲訂莊者不著名姓爲疑，不知莊叟生於戰國，彼時猶爲近古，國策筆法橫絕，俱無名氏。

「訂莊者」，即莊子之後學也。

吳峻《莊子解》云：

> 此篇自昔皆以爲莊子所自作，獨林西仲（雲銘）斷然以爲訂莊者所爲。余仔細反覆，其通首最有波瀾，最有變化，埋伏炤應，穿插縈繞，備極匠心，幾於不可方物，然終是有文字氣，其殆漆園之南華既成，其高足爲之疏通義類，而就正於蒙叟，蒙叟亦首肯之而以附諸其後者歟。

此以爲林西仲所謂之「訂莊者」宜是莊子之高足也。

（四）民國以後郎擎霄等說

郎擎霄《莊子學案》云：

> 天下篇迺一絕妙之後序，殆於門人後學所爲，衡最諸宗，錙銖悉稱，言周季道術之源流者所不能廢也。

胡適《中國古代哲學史》云：

> 天下篇是一篇絕妙的後序，卻決不是莊子自作的。

顧頡剛〈莊子外、雜篇著錄考〉：

> 列禦寇篇說莊子將死之語，天下篇又以莊子爲百家之一而評論之，足見都不是莊子自作。

錢玄同〈論莊子眞僞書〉云：

> 雜篇中之天下眞是一篇極精博的「晚周思想總論」，雖然這不見得是莊先生親筆寫的。〔註5〕

以上三位學者但謂非莊子自作，若就其有關文字推求之，疑亦不反對天下篇

〔註5〕顧、錢二文具見《古史辨》第一冊。

有莊子後學或弟子撰作之可能。胡適氏在同一書中即謂天下篇評莊周一段「評論莊子的哲學，最為簡切精當」，則必非深知莊子者所能為也，顧氏亦在同一文中謂「夫以莊子高博之見，發為瑰瑋之辭，是固眾人所樂學，而周秦之間游學論道之風盛，道家雜文，輯而附於大師莊子之後，為外篇、雜篇，猶儒家之說輯而為禮記也。」其所謂「游學論道」者，莫非莊子之後學乎？

蔣復璁〈莊子考辨〉云：

> 列禦寇篇駢列莊子雜事，而以莊子將死，最殿其後，以為全書作結；明莊子書至列禦寇篇已完，此篇不與之相屬也。……蓋此篇本是他人綜論百家流別之文，初與是書無與。不過於諸家道術之中，最尊莊子，世見其推尊莊子，遂取入莊子書中，以為徵驗。又以其是總論道術，而諸篇皆是言行雜事，無可附麗，故舉而編之篇末。

列禦寇篇或原為莊子書之末篇，顧頡剛氏前已及之，蔣氏亦據之以證天下篇當出「他人」之手，唯蔣文中嘗謂「雜篇多是詮釋莊子」，則「他人」者亦莊子之後學者也。

葉國慶《莊子研究》云：

> 孟子篇末云云，乃是弟子所記一段短短的談話，而天下篇卻是一篇堂皇的議論，雖語意略同，而體裁不似。兼之戰國以前，沒有這樣大序文。……茲（就天下篇上半篇）作一簡單說明，以見此篇非莊子所作〔註6〕……下半篇此段亦非莊子所作〔註7〕……總之，這篇乃敘述百家學說淵源，給莊子一個學術的地位。

又云：

> 天下篇，後人評論百家之學之作。

葉氏既以為天下篇作者「有偏愛老、莊的態度」，則此處之「後人」或即學莊之後人？

戴君仁〈讀莊子天下篇〉云：

> 天下篇雖非莊周自作，想是莊學之徒所為。

以上乃歷來認為天下篇為莊子門人或後學所作之重要說法。諸家之所論，或以此篇敘述道術源流，絕妙堂皇，而評及莊周，又精簡能達，故以之為門人後學所作之後序；或以此篇偏論百家，固不僅莊子一人而已，雖主為

〔註6〕葉氏「簡單說明」見原書頁29至30。
〔註7〕同前（見原書頁31至32）。

門人後學之作，究非爲莊書而撰作，最初甚至與莊子之書「無與」，彼係就體裁或內容推測，自有其理，亦可聊備一說也。

參、深於道之儒者所作及其他

（一）宋朱熹說

朱熹《朱子語類》論莊子云：

> 天下篇言「詩以道志，書以道事，禮以道行，樂以道和，易以道陰陽，春秋以道名分」，若見不分曉，焉敢如此道。

宋儒治學，常喜「用古書作自己的注腳」〔註8〕，故朱子論天下篇此句，行文表面雖若以莊周爲其作者，但索其根本，則朱子心目中之作者——至少是此句之作者，寧屬意於某深曉六經之儒者？否則不致又有「後來人如何下得它」之贊語也〔註9〕。清姚鼐因亦有「宋賢反謂莊子是篇（按、指天下篇）推尊儒者甚至」〔註10〕之疑難也。

（二）清胡方說

胡方《莊子辯正》云：

> 此篇以莊子冠諸家，讀莊子者之題詞，如後人之書後也。大約謂尹聃得聖人之大，而莊子尤揚榷得盡也，唯尊尹、聃、莊子，而亦不敢得罪於堯、舜、周、孔。

「不敢得罪於堯舜周孔」一語，則「題詞」之人，或卽儒者乎？故胡方於「天地育萬物」下直註云「卽中庸位育」，於「亂之上也，治之下也」下亦云「卽孟子無父之意，正言其非也」，又於惠施一段亦略謂「莊子之書，詞鋒銛利，近似辨（辯）士之言，恐人混而輕之，不肯用心，故取辨士之尤者貶斥之，以遠於莊子，卽明莊子非辨士之流也」，此亦儒者「惡利口」「遠佞人」之用心耶？

（三）張之純等說

張之純《莊子菁華錄》（民國七年排印本）云：

> 戰國時異端蠢起，此本儒術以正之。

〔註8〕說見梁容若、齊鐵恨合編之《諸子研究簡編》頁 194。
〔註9〕語見《朱子語類‧輯略》（臺北：臺灣商務印書館人人文庫，民國 62 年），頁 228，其言云：「莊周，是簡大秀才……只是不肯學孔子，所謂知者過之者也。如說易以道陰陽，春秋以道名分等語，後來人如何下得它，直是似快刀利斧劈截將去，字字有著落。」
〔註10〕見《莊子章義》卷五。今輯《莊子集成續編》中。

張氏此語，綴於「道術將為天下裂」之下；其錄天下篇又刪去關、老與莊周
二段，其理由謂「原本此下一段盛稱老子、關尹，又一段盛稱莊子，宜乎林
西仲有『毀人自譽之嫌疑，為訂莊者所作也』，今並刪之，直接惠子一段，俾
通篇皆承百家往而不反，一氣銜接」。推張氏之意，贊同西仲以為此二段乃訂
莊者所作，刪去之後，則通篇庶可一色成為「本儒術以正之」之篇章；故此
說或可視為以儒者為天下篇之作者。

　　王昌祉「莊子天下篇作者及其評莊老優劣」一文略云：

　　　天下篇作者，是戰國末期的儒家而非道家，甚且是荀子的弟子——
　　　一位青出於藍的弟子。天下篇作者所稱的道，乃儒家之道，修己治
　　　人之道，非道家之道，宇宙本體之道。以為尤其在詩書禮樂之中，
　　　可以找到內聖外王之道。天下篇又以為百家眾技都是不該不徧，都
　　　是一曲之士（連老、莊在內），可見天下篇不出於道家之筆下，該篇
　　　作者可能就是荀子的弟子。蓋天下篇主要思想和思想方式從荀子
　　　來，試將荀子解蔽篇分述諸家之蔽與天下篇比較，則其主要思想，
　　　表現方式，提出討論的人物，甚至若干重要術語與詞句，是相仿相
　　　同的。足見天下篇乃推演荀子思想者。

王氏之意，以為天下篇之作者嘗受荀子之影響，甚或即荀卿之高徒。王文中
但提及「將荀子解蔽篇與天下篇比較」一語而止，並未進而闡述其詳，以證
成其說；至嚴靈峯氏〈論莊子天下篇非莊周自作〉一文出，則天下篇作者與
荀卿之關係，因之益密也。嚴文先就天下篇為莊周所作一事歷來之說法，予
以否定，然後推論此篇為儒家所作。嚴氏又列表一一比較分析，認為荀子與
韓非對於先秦各派諸子之述說與評論，較諸天下篇所敍，大抵出入不多，故
文末結論云：

　　（1）全篇內容與外篇天道篇的筆調相近，與內篇思想不能盡合；斷
　　　　　定非莊周所自作。
　　（2）本篇既評論莊周，則是其後之作品無疑。批評各家學說、觀點、
　　　　　內容與荀子相近；而所作辭語亦相彷彿，可能係荀卿晚年的作
　　　　　品；卽「推儒墨道德行事與壞序列」的文字，但疑非原來面目。
　　（3）此篇倘非荀卿自作，必係其門人或後學得自荀卿的傳授而寫作
　　　　　的。這可以從先秦所有典籍中，未有討論學術流派比荀子和韓
　　　　　非子兩書更為詳盡，而得到證明。

其後，嚴氏又有〈莊子天下篇的作者問題〉及〈再論天下篇非莊周自作〉二文。前者乃在澄清張成秋〈莊子天下篇之研判〉一文對嚴文之「誤解」，並仍主張天下篇與荀卿頗有關係；後者專自荀子書中引據類似於天下篇論詩書禮樂及評墨翟、禽滑釐二段之文字與思想，其論斷略謂「天下篇雖然未卽皆非莊周所自作；但最低限度可以確定，篇中批評墨子『毀古之禮樂』及推崇『詩書禮樂』的兩段文字，絕非莊周所自作。且這兩段文字，如果不是荀子的寫作，最少與荀子對『禮樂』的基本思想有關，或者爲其後學所作。因爲在現存的先秦諸子中，沒有別的思想比荀子對於天下篇之批評墨子文字更爲接近」，由此觀之，嚴氏固力主天下篇乃荀子或其後學所作，而絕非莊周自作者也。

（四）譚戒甫等說

譚戒甫〈現存莊子天下篇的研究〉云：

> 自「惠施多方」以下爲惠施篇，其餘爲淮南王莊子要略之改名。

譚氏或卽就《文選》江文通（淹）雜體詩〈許徵君（詢）〉一首注中所引而設爲此說：「淮南王莊子略要曰：江海之士，山谷之人，輕天下，細萬物而獨往者也」，若莊子略要（王應麟《玉海》作「要略」）全部內容果與天下篇雷同或近似，則天下篇之作者，當非淮南王莫屬，惜「略要」今已亡佚。

孫道昇云：

> 天下篇的作者，就是莊子注的郭象，天下篇乃是郭象爲他自己刪定
> 的莊子所作的後敍。〔註11〕

明馮夢禎以爲郭象莊子注可以與莊子媲美〔註12〕，則疑郭子玄卽天下篇之作者，亦甚自然之事。

梅貽寶〈由莊子天下篇窺察中國古代哲學發展的趨勢〉一文云：

> 吾人認爲〈天下篇〉的著者不是莊子，而是一位崇拜莊子的道家，但
> 是他亦受了些儒家的薰染。這位著者乃是儒道合一運動的一位先鋒。

梅文係自「哲學立場」觀察，以爲天下篇所謂之「道」，「顯然不是一般道家所謂的超然的道，反而與儒家孟子、中庸所說的道接近」，故有此論斷也。

上述諸人，乃大抵認爲天下篇作者係深於道之儒者或漢代以後通於儒之道家。以淮南王劉安爲天下篇作者，當是由於今本莊子與淮南子一致者甚多〔註

〔註11〕據黃錦鋐教授《新譯莊子讀本》頁 29 所引。孫氏語見正風半月刊十六期。
〔註12〕見《中國歷代思想家》頁 1754。
〔註13〕參見武內義雄〈莊子考〉與王叔岷〈淮南子與莊子〉，周駿富〈淮南子與莊子

13），而有所啓示；以郭象爲天下篇作者，則因今本莊子爲郭象所刪訂整編，但或以《世說新語》適有其「爲人薄行，並竊向秀義爲己注」之傳說，不免啓人疑竇——天下篇亦象所僞託？然則，凡此皆有儁才之好道人物也；至於以荀卿或荀派門人後學爲天下篇作者，其論點則視六藝乃儒家之內容，荀子則當時最能洞鑒學術之「祭酒」，故而云然也。

第二節　作者及其時代之商榷

　　夫古人既較少後世之著作觀念，且恒無假著作以求立名之本心〔註14〕，第有「立言」以希「不朽」之高志耳；蓋立言之宗旨，或在贊頌「立功」之可以服務羣倫，或在圖寫「立德」之金石芷蘭，苟民風因此而知所趨嚮，則於願足矣，故儻有述作，則標示作者之名氏與否，皆其餘事也。是以章實齋《文史通義》云：

> 古人之言，所以爲公也，未嘗矜於文辭而私據爲己有也。志期於道，
> 言以明志，文以足言，其道果明於天下而志無不申，不必其言之果
> 爲我有也。（〈言公上〉）

莊子天下篇亦在申莊周之志，明莊周之道而已矣，初亦未嘗計較其言之爲我有也，乃後世之學者於研鑽天下篇義理之餘，所以相率於其作者之討論者，其緣由約之有三：天下篇在莊子書中地位甚爲重要，然列置於「雜篇」，學者或以「雜」之爲義每涉不純，此其一；明清以後，學者疑古風氣漸盛，求眞好學之外，不乏標新立異，驚世駭俗之士存乎其間，而天下篇內容牢籠天下學術，學者自可各據所見，以資取捨，此其二；吾國民族文化，向以「人」爲本位，故讀其文而不識其人，終覺如隔一層（錢穆氏以文學爲例，認爲中國文學正宗每重作者。說見六十八年一月十六日中央日報專欄：〈東西文化比較觀——人物與事業〉），此六藝經傳，論、孟、學、庸以及諸子之書，其有關作者問題（包括產生時代）之意見爲數所以甚夥也，天下篇自亦不免，此其三。

　　　　之關係〉等文。
〔註14〕《論語・述而篇》：「子曰，述而不作。」朱熹注云：「孔子刪詩書、定禮樂、
　　　　贊周易、修春秋，皆傳先生之舊，而未嘗有所作（創作）也，故其自言如此。」
　　　　衛靈公篇：「君子疾沒世而名不稱焉。」朱注云：「范氏曰，君子學以爲己，
　　　　不求人知，然沒世而名不稱焉，則無爲善之實可知矣。」故知古人所立之名，
　　　　非著作以求名也，爲善而彰名耳。至孟子所謂「名世」（見〈公孫丑篇下〉）
　　　　者，亦謂「其人德業聞望，可名於一世者」，非指著作之名也。

　　有關天下篇作者之意見，歷來除以之爲莊子自作者外，另有以爲係莊子門人後學，荀子或荀派儒者，以至淮南王劉安，或郭象所作者，則概如前節所分述矣，諸家說法雖仁智互見，迄今亦未見有定論，顧吾人若能就天下篇其思想之特質、其批評方式及文體組織，與夫其產生之時代等，以觀察此篇，雖未必即有所謂定論者出，信亦不失爲治學之蠍術乎！

壹、自此篇之思想特質觀察──爲道家

　　思想特質須本原文論之。天下篇曰：「聖有所生，王有所成，皆原於一。」
　　宣穎云：「一者，道之根也，後來老、莊都是這個字。」「這個字」即其思想特質也。

（一）「一」者爲天下篇之主要思想

　　天下篇一文固以論天下之方術爲開端之語，末又舉惠施之「無術」作總結之句，實則此篇之主要思想，乃在明乎道術之淵源也，謂道術之淵源出於「一」也。一者，未始有始之「宗」也，淳粹不雜之「精」也，至誠不息之「眞」也，皆所謂「天地之純」自然無爲之道也；故內聖外王之道，古人之大體，莫不原於「一」也。

　　墨翟、禽滑釐之徒，悅聞「不侈於後世，不靡於萬物，不暉於數度，以繩墨自矯，而備世之急」之古風，蓋道於澹泊爲宗，以儉嗇爲寶，既知不示奢侈，不事靡費，不務光華，而處己以約，應人之窮〔註15〕，其心至誠，合於「一」也，然而墨、禽又「爲之大過，已之大順……其道大觳，使人憂，使人悲，其行難爲也，恐其不可以爲聖人之道……離於天下，其去王也遠矣」，二子生勤死薄，自己爲之，未免太過，形勞必如禹道，則從之未免太順也，徒以「自苦爲極」不知反天下之常心，不解「環中」之道，而離於宗，離於「一」者也，故曰：「墨翟、禽滑釐之意則是，其行則非也。」雖爲「才士」，而所行終非古之道術者，即失於「一」也。

　　宋鈃、尹文之徒，悅聞「不累於俗，不飾於物，不苟於人，不忮於衆，願天下之安寧以活民命，人我之養畢足而止」之古風，以人人之安寧生全爲願，無人無我，皆願其足以自養而已〔註16〕。如此損己利人而不已，以暴白其眞心者，初亦有脗於「一」也。然而「天下不取，強聒而不舍」志存天下，日夜不

〔註15〕約取陳壽昌《南華眞經正義》之解釋。清刊本今輯《莊子集成續編》中。
〔註16〕同前註。

息，強欲以此表現，強以此說擾亂人耳；雖立身求己不必假物以成名，事事自為，不知觀於機兆、隨物變化，遂亦與「一」相違者矣。

彭蒙、田駢、慎到「知萬物皆有所可，有所不可」，適於此者，未必適於彼，宜於我者，未必宜於物；故其學以「齊萬物以為首」也，其教則「無建己之患，無用知之累，動靜不離於理」也。齊萬物以自然無為之道，其理淳粹不雜，故能「緣於不得已」，以應天下之物，而有合於「一」者也。然而究其實情，雖欲行其「莫之是，莫之非」之道，尚不免宛轉遷就；雖立法施化而又意主於䖑斷無圭角，未能純任自然〔註 17〕，終未能真知古之大體。故曰「不知道」即不知「一」者也。

關尹、老聃「以本為精，以物為粗……主之以太一」，以無為為精妙之本，以有為為粗俗之迹，一切以自然為宗旨者，「太一」也〔註 18〕；能主太一，則「其動若水，其靜若鏡，其應若響」，皆無其心矣；能主太一，則「人皆求福，己獨曲全……以深為根，以約為紀」〔註 19〕以深淳儉約為德行矣，皆自然虛通為「一」矣。然而所謂「知其雄，守其雌，為天下谿……曰，受天下之垢……曰，苟免於咎」，不無「趨避取巧」之處，〔註 20〕則不能完全主之以太一也。故曰：「雖未至極」也〔註 21〕。

莊周「芴漠無形，變化無常，死與生與，天地並與，神明往與！……萬物畢羅，莫足以歸」，委任自然，未嘗離道，包羅庶物，囊括宇內，而無所終始；故「其於本也，宏大而辟，深閎而肆，其於宗也，可謂調適而上遂矣」，調通上達與天為徒，不離於宗也〔註 22〕，獨與「一」者往來者也；「雖然，其應於化而解於物也，其理不竭其來不蛻，芒乎昧乎，未之盡者」，莊周於應化解物之理，亦尚覺芒昧而未盡其妙〔註 23〕，則其所得於古之道術者，雖較諸子為多，然亦未得「一」之全體者也。

至於惠施厤物之意，其結論是為「氾愛萬物，天地一體」，似亦有所聞風而

〔註 17〕同前註。

〔註 18〕蔣錫昌氏以「自然之道」釋「太一」。

〔註 19〕胡文英以「其動若水……」「人皆求福……」等「數句，是主太一」。

〔註 20〕梁任公〈天下篇釋義〉云：「以上論關尹老聃，……所論雖極推崇，然於其趨避取巧，似不無微辭。」（《諸子考釋》頁 15）。

〔註 21〕王先謙《莊子集解》云：「姚本，『可謂』作『雖未』；錢穆《莊子纂箋》云：「王叔岷曰，古鈔卷子本，作『雖未至於極』」。

〔註 22〕王先謙集解引蘇輿云：「此即篇首所謂『不離於宗』者」。

〔註 23〕採蔣錫昌〈天下校釋〉之義。

起者耶？故「以此爲大，觀於天下」也，「萬物與我爲一，故汜愛之，二儀與我並生，故同體也」﹝註24﹞，古之道術當有在於是者也；惜乎惠施其道駁雜，其言無當，「弱於德，強於物」，不知充之以「一」，貴之以道，既不能以「一」自寧，乃散於萬物，亦奈之何哉﹝註25﹞。

天下篇評論之所本，即是這個「一」字。諸子所以得於道術或多或寡，而卒不能致其純備與大體者，亦可言之，曰：「天下大亂，聖賢不明，道德不一，天下多得一察焉以自好……判天地之美，析萬物之理，察古人之全，寡能備於天地之美，稱神明之容」，皆失於「一」之故也。

（二）「一」者爲莊子思想之本質。

莊子書今存三十三篇，其中內七篇爲莊周之作品，一般學者大約無異議（說已見第一章），茲者論莊子思想之本質，除第一章第二節「天下篇與莊子書之關係」已論及者外，爲審愼計，再就七篇中，援取其多數學者主張爲「莊子自著」者——逍遙遊、齊物論、養生主三篇﹝註26﹞，以與「皆原於一」較論，用證天下篇之思想卽莊子之思想焉。

逍遙遊篇曰：「若夫乘天地之正，而御六氣之辯，以遊於無窮者，彼且惡乎待哉？」夫至人、神人與聖人皆本諸自然而爲正、爲變者，故何往而有窮，何往而有待也！無窮無待，「通六合以遨遊，法四時而變化」﹝註27﹞，入於未始有始之宗矣。至若有待，則亦有窮也，鯤鵬之大，未如是之甚也﹝註28﹞，而所以謂之「不知其幾千里」者，寓其矯枉自然之形性也，既矯其本性，則水之積也必厚，風之積也必厚，其行有待「培風」，其徙窮於「南冥」矣。然則二蟲之笑鵬鳥也，眾人之匹彭祖也，「知效一官……而徵一國者」之自視也，列子之泠然御風也，皆所謂有所待，有所窮也，此小大之不辯，奚能與於道之本根哉？故王先謙云：

　　　　無所待而遊於無窮，方是逍遙遊一篇綱要。

而逍遙遊篇之綱要實又原於「一」者也。

﹝註24﹞成玄英疏語。
﹝註25﹞胡文英《莊子獨見》語。胡本今輯《莊子集成初編》中。
﹝註26﹞見黃錦鋐教授《莊子讀本》頁31。
﹝註27﹞成玄英疏「六通四辟」語。
﹝註28﹞郭象注云：「鵬鯤之實，吾所未詳也。」方以智云，「鯤本小魚，莊子用爲大魚之名。」崔譔云：「鵬古鳳字」。

　　齊物論者，論齊萬物也〔註29〕，孟子曰，「物之不齊，物之情也」，而今莊子欲齊之者，亦非逆物之情也，乃順物之情也，齊之之道，則「一」而已矣。其言曰：「物無非彼，物無非是……故曰，彼出於是，是亦因彼，彼是方生之說也。……彼是莫得其偶，謂之道樞；樞始得其環中，以應無窮，是亦一無窮，非亦一無窮，故曰，莫若以明。」精淳而不雜彼是非之成見，自有「眞君存焉」，自能明照萬物也。以明矣，則「休乎天鈞，是之謂兩行」，共同休止於自然均平之地，物我各得其所。不以言辯相示，但以眞心懷之，乃能知「天府」——能知「不言之辯，不道之道」；乃能謂之「葆光」—「注焉而不滿，酌焉而不竭，而不知其所由來」，渾然廣大，「振於無竟，故寓諸無竟」，萬物人我之理暢通爲一，故曰：「天地與我並生，萬物與我爲一。」然而亦唯有不離「以明」，不離「天府」，不離「葆光」之「達者」，始知通爲一也，故章太炎氏《齊物論釋》云：

> 同異之辯，不能相正，獨有和以天倪，……和以是非，休乎天鈞，止乎天鈞，此謂兩行，己示其嵩萌矣，康德之批判哲學，華嚴之事理無礙，事事無礙，乃莊生所籠罩，自非天下至精，其孰能與於此爾。

「天下至精」卽自之眞宗，極純無疵之道體——「原於一」者也。莊生任「一」以論齊物，故自能籠罩，超越諸法，是以太炎先生又有「域中故籍，莫善於齊物論」之贊語也。〔註30〕

　　養生主篇曰：「爲善無近名，爲惡無近刑，緣督以爲經，可以保身，可以全生，可以養親，可以盡年。」此莊子養生之「眞君」也（陳景元語），養生而以眞君眞性則一皆任之自爾，無勞措意，依乎天理，因其固然，則其生也，不自悔不自得，內攝衛生，外順人倫，事事無不可也。若養生而離乎「眞君」，失其好道之宗主，譬如解牛之時，不以「神欲」，不合於「桑林之舞」，不中「經首之會」，則難免刀折於「技經肯綮」與夫「大軱」也，如此於死生之際，亦難免「遁天倍情，忘其所受」矣。故老聃死，莊子曰：「適來，夫子時也，適去，夫子順也，安時而處順，哀樂不能入也。古者謂是帝之縣解。」一任自然，則生不自得，死不自悔，因其眞理，總歸道原，則無不解脫也。故胡

〔註29〕據錢穆《莊子纂箋》。
〔註30〕吳康《老莊哲學》（臺北：臺灣商務印書館，民國55年1月）頁100，亦釋齊物論「可乎可，不可乎不可……是之謂兩行」一段謂之「對待一原說」，略謂莊生最後返於自然，爲通得之論，持兩行之說，凡諸對待，返於一原。

遠瀋云：

> 爲善三句，亦即養生家治心於無爲之要訣。

然則其「要訣」即在存其眞君，遇其道根乎？

（三）「一」者亦老子思想之眞諦

老子主要之思想，今散見八十一章五千言之中，然而吾人若能深知其「無」與「有」之眞詮，則於《道德經》思過半矣。老子第一章云：「无，名天地之始；有，名萬物之母。」蓋老子以「无」爲天地變化之根本，至道之本體也，又以「有」爲萬物自然之迹象，玄德之大用也。故「无」與「有」即所謂「道」與「德」，同謂之「玄」，強名之爲「一」者也。試舉其言至道之本體者，二十一章云：「道之爲物，惟恍惟惚，惚兮恍兮，其中有象。恍兮惚兮，其中有物。窈兮冥兮，其中有精。其精甚眞，其中有信。」十四章云：「視之不見，名曰夷；聽之不聞，名曰希；搏之不得，名曰微。此三者，不可致詰，故混而爲一。」此言道體雖惚恍不測。而其中實有精微眞實之「一」者在焉。

再舉其言玄德之大用。五十一章云：「故道生之，德畜之，長之育之，亭之毒之，養之覆之，生而不有，爲而不恃，長而不宰，是謂玄德。」三十九章云：「昔之得一者，天得一以清，地得一以寧，神得一以靈，谷得一以盈，萬物得一以生，侯王得一以爲天下貞。」此言天地萬物不能離於「一」也。

老子以爲道德之原理既然如此，則吾人必須「抱一」以治身，「抱一」以處世，以治天下，其言云：「載營魄抱一，能無離乎？專氣致柔，能嬰兒乎？滌除玄覽，能無疵乎？愛國治民，能無爲乎？天門開闔，能爲雌乎？明白四達，能無知乎？」（十章）又云：「是以聖人抱一爲天下式。」（二十二章）抱一則常法自然，乃能至於「大順」也。此亦猶天下篇之「原於一」。故郭象注「原於一」乃云：

> 使物各復其根，抱一而已。

成玄英疏亦云：

> 一，道。雖復降靈接物，混迹和光，應物不離眞常，抱一而歸本者
> 也。

足見天下篇之「原於一」亦「抱一」之謂也。尤有進者，老子之道德經中詞意又頗多與天下篇論關老一段近似者，如「聖人不積」（八十一章）「不敢爲天下先」（六十七章）「知其雄，守其雌，爲天下谿……知其榮，守其辱，爲

天下谷」（二十八章）「多藏必厚亡」（四十四章）「曲則全」（二十二章）「深根固柢」（五十九章）「我有三寶，持而保之。一曰慈，二曰儉，三曰不敢為天下先」（六十七）「堅強者，死之徒」（七十六章）等等皆是，天下篇評論關老之所本，既以「原於一」，而上舉老子「聖人不積」等等又是「抱一為天下式」之具體說法，故知「抱一」者亦「原於一」也，張起鈞氏「老子哲學」云：

> 我們若對老學細加體會就可以發現：在他一切思想後面實有一最基本的觀念，便是「崇尚自然」。這一觀念是他全部哲學所由導繹而出的基本源泉。

「崇尚自然」為老學之「基本源泉」，亦是道家思想之前提，則所謂「人法地，地法天，天法道，道法自然」（二十五章），或治身，或處世，或治天下，咸歸自然無為之大宗矣。故曰亦「原於一」也。

　　由上述之天下篇思想之特質與老子、莊子——後世所謂道家者，其基本思想，皆有「前後相隨」和光同塵之遺跡，若使其作者（姑設作者為三人）同聚一室，則亦將「相視而笑，莫逆於心」也？

貳、對此篇為儒家或荀卿所作之質疑

　　雖然，吾人固可暫不必執前一說法，以遽斷天下篇是否莊周或其門人後學所作，而無妨先定此篇之作者，至少當非荀卿或其他儒家，乃道家也。主張為荀卿或其他儒家所作者，以嚴靈峯教授立論最詳（參閱第一節）惟依愚見所及，則其中亦不無可議之處，敢試述如次。

（一）儒家與道家所謂「一」有別

嚴靈峯〈莊子天下篇的作者問題〉一文嘗云：

> 張君（按指張成秋氏）舉羅根澤的話說：「莊子的哲學歸結於『一』。」那末，孔子的「吾道一以貫之」，孟子的「定於一」，荀子的「君子結於一也」，還不是也「歸結於一」嗎？〔註31〕

按嚴氏之意，顯以為羅說莊子歸結於一，既同於天下篇「原於一」、「道德不一」，則荀子之「結於一」，亦可一例以觀也；其實，孔、孟、荀雖皆謂之「一」，

〔註31〕嚴氏此文見中華文化復興月刊，第四卷第六期。所引羅根澤「莊子的哲學歸結於『一』」一語則初見於燕京學報（民國二十五年六月北平出版）第十九期，其原文（題為〈莊子外雜篇探源〉）略云：「莊子哲學歸結於一……天下篇也說『……皆原於一』。又慨歎『……道德不一……』正是莊子的根本意思」。

而三子之間，本已有所損益，並且與老莊標舉之「一」者，異其畛域，範疇有別也。

《論語・里仁篇》：「子曰，參乎！吾道一以貫之。曾子曰，唯。子出，門人問曰，何謂也？曾子曰，夫子之道，忠恕而已矣。」又〈衛靈公篇〉：「子曰，賜也，女以予爲多學而識之者與？對曰，然，非與？曰，非也，予一以貫之。」朱注云：「盡己之謂忠，推己之謂恕。」則孔子之所謂「一」者，其「己欲立而立人，己欲達而達人」之「仁者之心」也。夫子之行其忠恕，以仁者之心也，夫子之博文天縱，亦以仁者之心也，皆以其所謂「一」而已矣。

《孟子・梁惠王篇上》：「孟子見梁襄王，出語人曰，望之不似人君，就之而不見所畏焉，卒然問曰，天下惡乎定，吾對曰，定于一，孰能一之？對曰，不嗜殺人者能一之。」趙岐注云：孟子謂仁政爲一也。」孫奭疏云：「正義曰，此章言定天下者一道而已……唯不好殺人者能以仁政爲一也。」則孟子所謂「一」者，指「一道」，亦即「以不忍人之心，行不忍人之政」之「王道」也。

《荀子・勸學篇》：「詩曰，尸鳩在桑，其子七兮，淑人君子，其儀一兮，其儀一兮，心如結兮。故君子結於一也。」勸學篇此一段〔註32〕要在言爲學之方之專默精誠，鍥而不捨也，故又曰：「螾無爪牙之利，筋骨之強，上食埃土，下飲黃泉，用心一也。蟹六跪而二螯，非蛇蟺之穴，無可寄託者，用心躁也……螣蛇無足而飛，梧鼠五技而窮。」皆謂用心之一與不一也，故王先謙《荀子集解》云：「執義一則用心堅固，故曰，心如結也。」又按《毛詩注疏・曹風鳲鳩篇》：「鳲鳩，刺不壹也，在位君子用心之不壹也。」注「其儀一兮，心如結兮」句云：「言執義一則用心固。」疏云：「執公義之心均平如一……如物之裹結。」（阮元校勘記以「壹」與「一」互爲假借），知荀子引詩未變其誼也，皆以「一」爲均平公正之態度，始終「冥冥惛惛」之用心也乎？

孔、孟、荀之所謂「一」者，皆本乎仁義，此三子之所同也；而孔子以之託於空言，絕筆獲麟，孟子以之道性善，稱堯、舜，至荀卿則以之法後王，學禮樂，凡此誠與道家老子之「絕學無憂，絕聖去智」、莊子之「自適，忘我」者，不可相爲謀也。

（二）荀卿「序列著數萬言」不指天下篇

嚴氏又嘗因荀卿傳有「序列數萬言」（按原引如此。今覆按新點校本則作

〔註32〕據臺北藝文印書館民國 66 年影本王先謙《荀子集解》。

「序列著數萬言」）以爲：

①「現存荀子書是專著，而非序跋，天下篇的內容和體裁纔可以稱做『序列』」

②「數萬言，現存荀子全書不止數萬言，惟天下篇可以當之。」

③「天下篇的內容主要恰是在『推儒、墨道德行事興廢』的」（按「興廢」亦作「興壞」）。今逐一質疑之。

所謂「序列」，並非專指「序跋」，《史記・伯夷列傳》云：「孔子序列古之仁聖賢人，如吳太伯伯夷之倫詳矣。」今論語稱泰伯「可謂至德也已矣」（〈泰伯第八〉），稱伯夷、叔齊「古之賢人也」（〈述而第七〉），又「竊比於我老彭」（〈述而第七〉）尊老彭爲賢者，於微子篇中「孔子於三仁、逸民、師摯、八士，既皆稱贊而品列之」〔註33〕以至堯舜之「巍巍蕩蕩」，夏禹之「無閒然」（〈泰伯〉）而夢見周公（〈述而〉）等皆分別論述而稱贊之，其品第則自見也，此太史公「序列」一語之原義乎？故「序列」一詞，非專指特爲一書所作之「序跋」，即視之爲專著亦無不可也。

所謂「數萬言」云云，或指太史公所見之荀子書有「數萬言」也？今存荀子三十二篇自來疑其篇章之僞者多矣，而梁啓超以爲除以下十篇外，「全書大部份固可推定爲（荀）卿自著」——即君子、大略、宥坐、子道、法行、哀公、堯問、儒效、議兵、強國等篇〔註34〕。胡適大約同意天論、解蔽、正名、性惡四篇，爲荀子自著〔註35〕，日本兒島獻吉郎《諸子百家考》，則據江瑔之說，「不疑」非十二子篇爲荀子之作，依此說，則今本可能爲昔者荀卿自著之篇數，當有天論、解蔽、正名、性惡與非十二子五篇以上也。據初步統計，此五篇字數，即有萬言左右，若再加上其餘可信或已亡佚之篇章，則其字數不難達到「數萬言」，而正爲荀子原書之字數？今存天下篇字數，據張成秋君之統計：二六四九字，去萬言已遠，況數萬言乎。

又所謂「推儒墨道德興廢」者，唐楊倞〈荀子序〉謂其書「羽翼六經，增光孔氏，非徒諸子之言」者乎？蓋前述天論等五篇，甚或原來荀子全書，莫不奉六經爲「正論」以「推儒墨道德之行事興廢（壞）」也。荀子書中推儒墨興壞者，比比皆是，尤多見於非十二子與解蔽二篇中，茲不贅舉。至於推

〔註33〕引朱注語。

〔註34〕見《僞書通考》頁 621，嵇哲《先秦諸子學》亦以爲荀子書「從其思想體系，及著述風格觀之，大部爲荀子著作。」

〔註35〕見《中國古代哲學史》。

道德興壞者，並非如嚴氏以爲「只有天論篇：『老子有見於詘，無見於信。』解蔽篇：『莊子蔽於天而不知人』兩句話；其他就沒有了。」若以「道德」爲道家，則後世所指道家之人物，實不限於老、莊二人，特以二人爲代表耳；荀子書中評論諸子未有家名，凡其「行事」表現，或思想傾向，有合於〈論六家要指〉所謂「道德」者，太史公皆視之爲一類。吾人於第一章第三節論道家思想之發展嘗試言之：「楊朱學說之遺緒，或間接由宋鈃、尹文一派所衍繼。」又：「彭蒙（田駢、慎到）等之注意全生免禍之方法，以及對於萬物之觀察……其學說亦道家思想發展之重要過程也。」然則宋、尹、彭、慎等人亦可歸屬於「道德」也。《荀子・天論篇》云：

> 慎子有見於後，無見於先。

王先謙《荀子集解》云，「慎到本黃老之術，明不尚賢，不使能之道，故莊子論慎到曰，塊不失道，以其無爭先之意，故曰，見後而不見先也」。是以〈解蔽〉篇評慎子「蔽於法而不知賢」，然而「不尚賢，不使能」即〈論六家要指〉所謂「大道之要，去健羨，絀聰明」也。〈天論〉篇又有：

> 宋子有見於少，無見於多。

《荀子集解》引漢志「班固曰，荀卿道宋子其言黃老意」，荀子又謂「子宋子曰，明見侮之不辱」（〈正論〉篇）「不辱」亦「黃老意」也，是以解蔽篇以宋子「蔽於欲而不知得」也。〈解蔽〉篇云：

> 無欲無惡，無始無終……兼陳萬物而中縣衡焉。

又云：

> 虛壹而靜謂之大清明。

此不亦言「道德純備」（〈正論〉）之聖人可以無有壅蔽之患乎？〈非十二子篇〉云：

> 縱情性，安恣睢，禽獸行，不足以合文通治，然而其持之有故，其言之成理，足以欺惑愚眾，是它囂、魏牟也。

又云：

> 尚法而無法，下脩而好作，上則取聽於上，下則取從於俗，終日言成文典，反紃察之，則倜然無所歸宿，不可以經國定分，然而其持之有故，其言之成理，足以欺惑愚眾，是慎到，田駢也。

《荀子集解》云「田駢，齊人也，遊稷下，著書十五篇，其學本黃老，大歸名法」；至它囂、魏牟，馮友蘭《中國哲學史》以《呂氏春秋・審爲篇》之「中

山公子车」即「魏车」並謂「據此（按即荀子此篇所「非」者）則魏车似持如《列子‧楊朱篇》所說之極端縱欲主義者」。則其人或即道家之前驅——楊朱之末流？

　　觀荀書中此數篇之所以作，或以爲「天行有常……故大巧在所不爲，大智在所不慮」（天論），或以爲「是時各蔽於異端曲說」，「公孫龍，惠施之徒，亂名改作，以是爲非」，故「當戰國時競爲貪亂，不修仁義，而荀卿明於治道，知其可化，無勢位以臨之，故激憤而著此論」（以上見楊倞所注各篇），此皆史公所謂「荀卿嫉濁世之政，亡國亂君（嚴氏引作「家君」）相屬」之意耶？又荀卿之「序列著數萬言」所「著」，「對於當時的學術流派及其思想內容」（嚴氏語）是否果有「如此廣泛的理解」，此是另一值得討論之問題；若僅就荀卿著書其「嫉濁世，激憤而著此論」之態度而言，則實與莊子天下篇正大之「莊語」，明非同轍者也？（荀子雖羽翼六經，自以爲正論，實則亦不免自蔽於「性惡」之說，故多激憤之言）

　　唐君毅氏《中國哲學原論原道篇》云：

　　　今莊子天下篇之言内聖外王之道，以聖有所生，王有所成併舉，有似荀子。然或謂天下篇爲荀子之徒所作，則又不可。……内聖外王之道，有開有合。合則爲一道術之全，開則有種種方面層次之別，以與天下篇所分別論述之不同學術，分別相應。此即又異于荀子之自王必先爲聖，聖必求爲王，以言聖王之道爲一，而未嘗更開之，以論天下之學術者也。

唐氏固深知天下篇「原於一」之精義者，故以之論此篇與荀子思想之根本相異也。唐氏又以爲荀子文章特色，哲學意味較重，荀子「乃將文學與哲學之文，正式分家矣」，〔註36〕天下篇則哲學之外文學意味亦極爲濃厚〔註37〕。是吾人可謂天下篇爲「文哲合一」者，自與荀子有別也。

參、自此篇批評方式及文體組織等觀察——實出莊子

　　英哲培根（Francis Bacon 1561-1626）著有〈偶像論〉一文，以爲吾人觀

〔註36〕見唐氏《中華人文與當今世界》一書中「先秦諸子文學中之喻與義」一文。
〔註37〕清張道緒《莊子選評‧天下篇》云：「抑揚頓挫，懷古亦何深！」（「古之人其備乎」句）又云：「其道近楊朱論語，略帶詼諧。」（「慎到」一段）張氏於篇末亦主此篇「筆力雄奮，奇幻環曲萬端……驚天破石……」皆所謂有文學意味也；諸家說者甚多，茲不贅。

察事物，常易使用錯誤之方法，因而往往獲致錯誤之觀念，此種謬誤卽是「偶像」（idol），譬如吾人常從「人是萬物之尺度」此種錯誤理解之信仰，產生許多謬誤，或從各個人之特有精神、肉體之構造，產生謬誤等是，凡此偶像必欲袪除之、打破之，然後始有求得眞知之可能〔註38〕。推莊子書之所以「寓言十九」者，其鯤鵬蝴蝶之隨化，其櫟社之見夢，其金之踊躍，又其浸假爲彈，浸假爲輪之設喻，莫不欲以動植物或礦物等，袪除或打破「人是萬物之尺度」之偶像觀念而已；故而以爲「喪我」之足使「彼亦一是非，此亦一是非」，「是亦一無窮，非亦一無窮」者，亦不外在泯除「各個人之特有」之偶像觀念也。然則天下篇謂天下方術「皆以其有爲不可加」，卽指天下之人多以「一察一曲」之「偶像」觀念存在，而又妄欲以之爲「古之道術」之大體與夫「天地之純」之全備，此莊子所以自歎者，不亦明乎！

乃後世之學者，每以爲就天下篇所用批評方式論之，莊周斷不可能「毀人自譽」如是；又以爲就文體或內容論之，則列禦寇篇已載「莊子將死」之語，則暗示莊子全書至列禦寇篇已完；且莊子其他篇（天下篇除外）中未評及禽滑釐等重要人物，體例亦與後來不合。因而研判天下篇作者並非莊子本人。今卽就此三方面分別論述如下：

（一）此篇批評方式

天下篇既認爲「天下之人各爲其所欲焉以自爲方」，其批評方式遂以「喪我」爲基礎，故評騭諸人，類皆得失互見，如謂諸子之能慕古之道術，但或「大過」「強聒」或「魭斷」「逐物」亦存乎其間，猶以止水鑑物，使之瑜瑕畢現耳。吾人第一章第三節述天下篇所以涵蓋百家思想者，嘗論及一般諸子冊籍，今以之旁證天下篇之不誣亦可；蓋各家得失原本如是，故莊子評列之亦如是，非有意「毀」之也。

莊子固亦慕悅古之道術者，唯所謂「其理不竭，其來不蛻，芒乎昧乎，未之盡者」，蓋歎天下之理無窮，自然之化無盡，我之所知亦僅至此而已，未能窮究其極致也，此猶養生主篇之歎「吾生也有涯，而知也無涯」，有感於宇宙之間知識之芒昧浩渺耳，非謂莊子自以「泰皇以來，一人握元氣之權輿，而游垓埏之無窮」而自任者也〔註39〕。故張栩《莊子釋義殘卷》云：

> 此莊子自述其道術。人或疑其涉於自矜，以爲後人所論次，然其自

〔註38〕參考培根著《新工具》一書，沈因明譯本。

〔註39〕見明沈一貫《莊子通》。（今收在《莊子集成續編》中）。

得之學，非其自言，孰能知之者；且自附于諸子之後，獨爲一家，
固未嘗以古人之大備自處也。

陳治安《南華眞經本義》亦云：

> （莊子）書中，精神獨與天地相往來，雖高曠若此，而未嘗敖倪萬
> 物，不謫人之是非，……雖然，不離於宗者，將以造物之先，而應
> 於化也，將以去其生死之弢而解於物也，其精神與天同久，……神
> 理雖存而形骸猶謝，尚在萬物芒昧變化之內，與「乘白雲而遊帝鄉」，
> 尚遜一籌，此爲未之盡者。莊子卽以升舉自歉，亦不拈起外上之事
> 其自敘不欲浮誇。

莊子固不欲自矜或浮誇者，梁任公亦所以謂之「此自謙之辭」也。故莊子之
自評道術，終且自以爲仍有「未之盡者」，頗似評關、老之「未至於極」之意，
雖則隱約諷諭吾人必須「充實不可以已」，究亦得失並陳於篇中，其批評方式
大致與對於其他諸子無異，實非如林西仲所稱「毀人自譽」者也。

　至於論及莊子本人，捨用「我」（或「吾」）聞其風而悅之」，而用「莊周
聞其風而悅之」，其寄意卽在「通以平意說己，與說他人無異」（郭子玄語），
況自己評論自己，迸以其名氏，假第三人稱呼之，亦不無「喪我」之微意也。
故逍遙遊篇一稱「惠子謂莊子曰：『魏王貽我大瓠之種……』莊子曰：『夫子
固拙於用大矣……。』，再稱「惠子謂莊子曰：『吾有大樹，人謂之樗……』
莊子曰：「子獨不見狸狌乎……」」；齊論物篇「昔者莊周夢爲胡蝶……」，又
德充符篇亦有「惠子謂莊子曰：『人故無情乎？』莊子曰：『然。』惠子曰：『人
而無情，何以謂之人？』莊子曰：『道與之貌，天與之形，惡得不謂之人。』……」
吾人若承認內七篇，或至少逍遙遊，齊物論二篇，爲莊子自著者，則上舉諸
例稱莊子或莊周自呼其名氏無疑；而以此方式例於天下篇，焉有不可？

（二）此篇文體組織

　天下篇之作者問題，除由其所用之批評方式討論外，亦可觀其文章之體
裁，是否與莊子自著作品一致，而推斷之〔註40〕。

　近人張默生研究莊子全書之文體略可分爲四等，第一等作品，其形式上
約可分爲甲乙兩類，甲類是先總論，次分論，無結論，此乃「莊子文章的正
宗」。就內篇而言，有逍遙遊、齊物論、養生主、大宗師等篇，而天下篇也是

〔註40〕胡應麟、胡適、梁啟超等人認爲戳僞書之法亦可觀其文體，辨其直妄。見《僞
　　　書通考・總論》。

屬於這一類；故張氏以爲「只按文體說，應該出於一個人的手筆」〔註41〕。
吾人即據張氏說，取逍遙遊、齊物論、養生主三篇，與天下篇比較論之。

　　逍遙遊篇「北冥有魚，其名爲鯤，鯤之大，不知其幾千里也」句下，林
西仲《莊子因》評述云：

　　　　總點出大。「大」字是一篇之綱。

至「彼且惡乎待哉」句下云：

　　　　此是極大身分，極高境界，極遠程途，極久閱歷，用不得一毫幫襯，
　　　　原無所待而成，此逍遙遊本旨也。

林氏之意，此一段乃逍遙遊篇之總論，總點其「大」而「無待」之本旨者也。

　　天下篇「天下之治方術者多矣」至「無乎不在」句下，林氏亦評述云：

　　　　此一句是提綱。下面五段俱有「古之道術有在於是」句，伏脉甚遠。

「道術將爲天下裂」句下云：

　　　　此言治方術者，各逞其一偏之說，不能會古人之全，道術所以分而
　　　　不一，以起下文數段。

則林氏亦以此一段乃天下篇之總論，爲「總言道術所在」「總言古人雖遠，其數
度尚可致而知，以見道術不容不一之意」（俱林氏語）而提挈「下文數段」者也。
至於逍遙遊篇「堯讓天下於許由」一段之「引證『聖人無名』」，「肩吾問於連叔」
一段之「引證『神人無功』」，「宋人資章甫」一段之「引證『至人無己』」，以及
「惠子謂莊子」二段之「言得其用則大，大而無世俗之用，則遂其逍遙」，皆是
逍遙遊篇之「分論」，分論逍遙無待之義也……而天下篇「不侈於後世」以下各
段，列述一曲之士出，而道術始分，而後學者因各有聞風之不同，「於是乎有墨
翟、禽滑釐者爲之太過，己之大順焉，有宋鈃、尹文者，爲人太多，自爲太少
焉……」，亦皆是天下篇之「分論」，蓋分論道術不一之眞相者也。

　　齊物論篇「南郭子綦隱几而坐，仰天而噓，嗒然似喪其耦」句下，日人
東條保《標註莊子因》，引「一堂」之言云：

　　　　「喪耦」，是一篇之綱。

「是以聖人不由，而照之於天，亦因是也」句下，《莊子因》云：

　　　　「因是」兩字，是齊物論本旨，通篇俱發此義。

「喪耦」即「吾喪我」，聖人不見有我，獨能因是而無所非，則物無不齊；是
「喪我」「因是」，互爲因果者也（據《莊子纂箋》）。

<hr>

〔註41〕見《莊子新釋》中莊子研究答問、逍遙遊篇新釋等。

天下篇「天下之治方術者多矣，皆以其有爲不可加矣」句，朱得之《莊子通義》云：

> 開口曰「方術」，曰「有爲」，正是斷案，謂其非堯舜孔孟之道，所尚者無爲也。

「無爲」卽是「隨物任化，淳樸無爲」（成玄英疏）之意，以此爲「總論」一段之主體，然後分說天下方術之刻意逐物也。此與齊物論篇之以「喪耦」而「因是」者爲「總論」一段之主體，然後申說忘言、達道，以至因物者同。

又齊物論「總論」部分，張默生氏以爲自篇首，至「此之謂葆光」一大段皆是，於「此之謂葆光」下，林西仲云：

> 篇中段段散行，卷舒收縱，至此忽將知不知分二對總收，意雖遁，而詞實對，是散中取整法。

所謂「段段散行」，如「調調之刁刁乎」，林氏以爲「此段描寫地籟」，「人之生也，固若是芒乎」，以爲「己（按、當作已）上言物論不齊之害」，「天地與我並生而萬物與我爲一」，以爲「此數語是齊物論本義」，「故知止其所不知，至矣」，以爲「通篇結穴在此」；又自「若有眞宰而特不得其眹」至「其有眞君存焉」，林氏以爲可分四層，「層層擊出應上『其誰耶』三字」，自「古之人其知有所至矣」至「道之所以虧，愛之所以成」，可分五層。此皆「段段散行」也，而忽至「此之謂葆光」總收此一大段「總論」之局。而朱得之《莊子通義》亦云：

> 首節又自分五段。「古之所謂道術者」至「謂之君子」，言道之在人有此階級立標準也；「以仁爲恩」至「養民之理」，言就人事中修道也；「古之人」至「無乎不在」，言至人合天者；「其明而在」至「稱而道之」，指儒者之效跡也，故曰「鄒魯之士，縉紳先生多能明之」，意亦有不足者，「天下大亂」至「爲天下裂」，言百家衆技之亂人性也；此下至第七節，條理分明。

劉鳳苞《南華雪心編》云：

> 此以上段落，雖分作三節，總是全篇一大冒頭，以下乃詳列諸家，見道術將裂之故。

又云：

> 「道術將爲天下裂」一句，激起下文。

天下篇「總論」一段或分「三節」或分「五段」，皆與齊物論「總論」之「段

段散行」近似結構，而「道術將爲天下裂」之激起下文，猶如「此之謂葆光」
之總收取整也。

養生主篇「爲善無近名，爲惡無近刑，緣督以爲經」，林西仲云：

> 三句是一篇之綱。

又云：

> 善惡兩層，夾出緣督爲經句，暗點「主」字下四句，飛花驟雨，千
> 點萬點，只是一點。

蓋以此三句爲自「吾生也有涯」至「可以盡年」一段「總論」「養生主之法」
之要旨也。

天下篇總論一段，吳峻《莊子解》云：

> （天下之治方術者多矣）指當日之各自名家者而言，所該甚廣，下
> 文五者亦在內。

又云：

> （曰神何由降）神妙不測，以存主言，（明何由出）明炳幾先，以應
> 用言，（聖有所生）大而化之以德言，（王有所成）無爲而治，以業
> 言，（皆原於一）存神過化，內聖外王，分之殊名，合之一理。

「所該甚廣」，故是「一篇之綱」，「分之殊名，合之一理」，則亦「只是一點」；
養生主篇「庖丁爲文惠君解牛」一段，林氏謂「通段發緣督以爲經之義」，「公
文軒見右師」一段，謂「發爲惡無近刑之義」，「老聃死」一段，謂「通段發
爲善無近名之義」；而吳氏亦於天下篇總論之後，下文各家之下謂其「以抑揚
作結」，「以直敍作結」，「以宕開作結」，「以贊歎作結」，「以實詣作結」，以及
「以歎惜作結」等，各「發」總論中之義。

由上列天下篇與最可能爲莊子自著之逍遙遊、齊物論、養生主三篇，其
文體相互間之比較，可知頗爲一致，雖則朱得之，林雲銘與吳峻諸人皆以天
下篇非莊子之所著，而諸人之評解莊子之文體又隱約相脗如是，則天下一篇，
與三篇之同「出於一個人的手筆」，亦可知矣。

（三）此篇體例及其他

或以爲：《淮南子・要略》，〈太史公自序〉，《漢書・敍傳》三者，均係根據
原書之內容，加以順序述說，天下篇則不然，關於學派之評論，其所及人物中，
如相里勤、苦獲、己齒、鄧陵、尹文、彭蒙、田駢、慎到、關尹諸人，於莊子
書中並未見有所論述，而在書中所見者，如陽子居、列禦寇、季眞、田子方、

魏牟、南郭子綦、伯昏無人、壺邱子林、伯成子高、庚桑楚、太公調諸人，於當時學術上多少有相當之影響，何以天下篇則一字不提？又，天下篇對於每篇之篇目從未論及，其體例之不同，與內容之歧異，於此可見〔註42〕。

上述說法，蓋欲反駁天下篇為莊子自著者也。而吾人亦另有淺見如後焉。

先就天下篇「體例」而言。錢穆氏《莊子纂箋》於「道術將為天下裂」句下引清方東樹之說，云：

> 莊子敘六藝之後，次及諸子道術。其後司馬談、劉歆、班固，次第論撰，皆本諸此。

是則天下篇之體例，乃後世之所本，〈太史公自序〉、班固之〈敘傳〉等，其有本書篇目之「次第」述要者，莫非規模天下一篇，踵事而增華？蓋前修自有未密，後進常能轉精，吾人實不必求全天下篇之未論及莊子篇目也。

其次就天下篇「內容」而言。天下篇雖以「百家往而不反」而歷敘道術之淵源與諸子之方術，然而亦只須撮舉其要，固不必「百家」一一徧說也。莊子書（天下篇外）中雖未直接論述相里勤、苦獲、己齒、鄧陵子諸人，天下篇明謂為「墨者」，蓋諸人實可歸入墨翟一派，故莊子書論墨者，無形中亦已論及，不須明列其姓氏也。如徐無鬼篇「惠子曰『今夫儒、墨、楊、秉，且方與我以辯』」「名若儒、墨而凶矣」，列禦寇篇「使而子為墨者予也」，是也；尹文既與宋鈃同流，則宋鈃即宋榮子（梁玉繩語）已見逍遙遊篇，其言謂「宋榮子猶然笑之，且舉世而譽之而不加勸，舉世而非之而不加沮，定乎內外之分，辯乎榮辱之竟」者是也；又關尹亦老氏之近支，而關尹疑即養生主篇「老聃死，秦失弔之」之秦失〔註43〕；然則天下篇亦已舉其犖犖大端矣。

若夫莊子書中所出現之人物，則「卮言」式因物隨變，實有其人者有之，「寓言」性之烏有先生者有之，「重言」式之借用聖賢其人者，亦有之。天下篇皆「卮言」式實有其人者，至「寓言」或「重言」式之人物，則無與焉，蓋天下篇文字，乃「莊語」也。請更述其詳：

首述「卮言」式之人物。庚桑楚篇有「全汝形，抱汝生，無使汝思慮營營」之語，陸長庚釋其義謂之「守其性而不離，去其知識而不鑿」者，此庚桑楚其人也；寓言篇謂陽子居對於老子「大白若辱，盛德若不足」之教，「敬聞命」者，此陽子居其人也；秋水篇有魏公子牟之「隱几大息，仰天而笑，

其「體道清高，超然物外」（成玄英語）如是者，魏牟其人也。則庚桑楚與陽子居皆如天下篇所謂「無為而笑巧」「知其白、守其辱」之老氏之徒，魏牟或亦楊朱末流〔註44〕，天下篇綱舉關老，此三人無形中亦在評論之列也。

又田子方篇稱「虛緣而葆真」者，此田子方其人也，田子方之學，與莊子同出一系，唐韓愈原道篇所謂「子方之後，流而為莊周」也。應帝王篇謂「嚮吾示之以未始出吾宗」者，此壺邱子林其人也，「未始出吾宗，則得環中以應無窮」（船山語），田子之「虛心順物」則天下篇之「不譴是非」也，壺子之「得環中」亦天下篇之「連犿無傷」，而列禦寇篇稱列禦寇（卽列子，事又見逍遙遊、應帝王等篇）之「汎若不繫之舟，虛而敖遊」者，其忘心逍遙，亦天下篇「上與造物者遊」之意，雖皆未造於極，實可歸入莊周之一派也。

以上六人，天下篇固似「一字不提」者，實則既已隱括於篇中，以俟後世之解者也。

次述「重言」式之人物。則陽篇「少知曰『季真之莫為，接子之或使』」，成玄英以「季真、接子，並齊之賢人，俱遊稷下，故託二賢，明於理」；天地篇「堯治天下，伯成子高立為諸侯，堯授舜，舜授禹，伯成子高辭為諸侯而耕」，成玄英疏云「伯成子高，不知何許人也，蓋有道之士」，釋文引〈通變經〉云「老子從此天地開闢以來，吾身一千二百變，後世得道，伯成子高是也」；然則季真與伯成子高二人，皆莊子託為明理者耳。

復次，述「寓言」式之人物。則陽篇「少知問於大公調」，成玄英疏云「智照狹劣，謂之『少知』，太，大也，公，正也，道德廣大，公正無私，復能調順群物，故謂之太公調。假設二人，以論道理」。德充符篇「申徒嘉，兀者也，而與鄭子產，同師於伯昏無人」，釋文云「雜篇（列禦寇篇）作瞀人」，則「無人」「瞀人」音近而同也；成玄英疏「伯，長也，昏，闇也，德居物長，韜光若闇，洞忘物我，故曰『伯昏無人』」。齊物論「南郭子綦隱机而坐，仰天而噓，荅焉似喪其耦」，蔣錫昌〈齊物論校釋〉按云「『南郭』，人間世及徐無鬼作『南伯』，寓言作『東郭』。蓋名本假設，故隨興所寫，並無一定也。」

以上五人，或託之以明理，或隨興假設，皆莊子「以天下為沈濁」，故「藉外論之」「所以已言」者，既非實有取諸其人，甚或無有其人，則何須再予置評？

〔註44〕馮氏《中國哲學史》云：「魏牟似持如《列子・楊朱篇》所說之極端縱欲主義者」。（頁177）

　　蔣伯潛氏《諸子與理學》一書略云：「諸子的派別，所謂十家九流，在我國學術史上，不見得有同等價值」。蔣氏並引錢玄同中國學術論文集要序，以為「十家中惟道、儒、墨三家，卓然有以自立，價值最高」，其說甚確。然則天下篇論述儒、道、墨之外，實亦及名、法、農等諸家（前章已言之），於當時學術表現，足稱賅備矣。

　　《史記・老子韓非列傳》云：「其著書十餘萬言」。「其」當指莊周本人。蓋今傳莊子三十三篇，不足七萬字，則必在史公所見十餘萬言之內（據王叔岷氏《莊學管闚》）。由此或亦可啟示〈天下〉一篇，其作者宜歸之於莊子本人？史公頗有求真精神（見其〈太史公自序〉），不知為不知（如老子之傳說，多用「或曰」以示闕疑）；其後郭象刪定之時，又以天下篇為莊子本人自作者，寧非無所據乎！

肆、自此篇之產生時代觀察——當莊子晚年

　　吾人欲觀察天下篇其產生之時代，而推定為莊子晚年之前，不妨先就部份學者以為產生於西漢或西晉之說，予以評論。

（一）此篇產生時代不在晉代

　　近人孫道昇以為「天下篇的作者，就是莊子注的郭象」（說見本章第一節），則天下篇時代又在西晉耶？吾人知其不然者，理由有三：

　　第一，據張心澂氏《偽書通考》以為，一般偽書作偽之原因，約分兩類，一是以己作為人作，一是竊人作為己作，並云：「如郭象……竊人作為己作，則為一己求名也。」若郭象竊向秀注，其獄已定，〔註45〕則其「為一己求名」亦甚明矣，既在「求名」，何以注天下篇時，一則於篇中稱「莊子通以平意說己」，再則於篇末謂：「昔吾未覽莊子，嘗聞論者爭夫尺捶連環之意，而皆云『莊生之意』，遂以莊生為辯者之流。案此篇較評諸子，至於此章，則曰『其道舛駁，其言不中』，乃知道聽塗說之傷實也」云云者，反以此篇為莊子所作？

　　第二，唐房玄齡（西元 578～648 年）等撰《晉書・郭象傳》云：「（象）以秀義不傳於世，遂竊以為己注。乃自注秋水、至樂二篇，又易馬蹄一篇。其餘眾篇，或點定文句而已。」郭象「竊注」一案，若果有實情可筆削之於史乘，則所謂偽作莊子天下篇一事，何以未見揭諸載籍——如《世說新語》

〔註45〕唯據錢穆氏《莊老通辨》記魏晉玄學三宗一節云：「當時謂象竊秀注為己有，此殆未必直鈔其文字，義解從同，即謂之竊矣」。

一書臨川劉義慶（西元 403～444 年）「採掇綜敘」，劉孝標所注「能收錄諸家小史」（吳郡袁㒥語），並皆未傳聞此事？

　　第三，郭象注莊，其解「自然」之義，頗能發前人所未發，不必另有僞作，亦可自成一家言，而實至名歸。是以林景伊先生云：

　　　　茲觀其莊子注，可見向秀、郭象對於自然思想之發展，及齊萬物一死生之觀念，已登峯造極。（見《中國學術思想大綱》）

錢穆氏更云：

　　　　惟郭象注莊，其詮說自然，乃頗與王弼、何晏、夏侯玄、向秀、張湛諸家異。大抵諸家均謂自然生萬物，而郭象獨主萬物以自然生。……若復以郭象之說，回視淮南論衡，將見二書所陳，膚薄平近，蓋由其未能觸及此宇宙創始之基本問題而與以解答，必俟郭象之說，始爲創成一宇宙乃自然創始之一完整系統。……故雖謂中國道家思想中之自然主義，實成立於郭象之手，亦無不可也。雖謂道家之言自然，惟郭象所指，爲最精卓，最透闢，爲能登峯造極，而達於止境，亦無不可也。（見《莊老通辨》，「郭象莊子注中之自然義」一文）

二氏推崇可謂至矣，則以郭象之「少有才理，好老莊」，「常閒居以文自娛」（語見《晉書》本傳）之素養，寧能不自喜其妙論，而「自娛」之，又何須另作天下篇以見譏於後人？至於如《經典釋文》釋莊子天下篇，除引「郭云」、「郭（音）」「郭音」（卽郭象云、郭象音）之外，尚引向秀、崔譔、李頤及司馬彪等晉人之音義。若天下篇果爲郭象所撰，則並世諸人「清悟有遠識」如向秀，「篤學不倦」如司馬彪，「唯好莊子」之崔譔，以及「自號玄道子」之李頤，當時皆有莊注（或集解）行世，豈甘於受欺蒙，而成心知之「聾盲」，相率以注「郭象之天下篇」哉？

（二）此篇產生時代不在漢代

　　近人譚戒甫以爲天下篇除「惠施多方以下」爲「惠施篇」外，乃淮南王「莊子要略」之改名，則譚氏是以天下篇之時代在西漢者。「惠施多方」以下是否爲「惠施篇」，此處暫不置論，但亦試舉三點理由，以說明天下篇時代並非漢代：

　　其一，據日本《高山寺本莊子殘卷》天下篇末有郭象之文云：

　　　　然莊子閎才命世，誠多英文偉詞，正言若反。故一曲之士，不能暢其宏旨，而妄竄奇說，若關亦（弈）意循之首，尾（卮）言遊易（鳧）

> 子胥之篇，凡諸巧雜，若此之類，十分有三，或牽之令近；或迀之
> 令誕；或似山海經；或似（占）夢書；或出淮南；或辨形名，而參
> 之高韻，龍蛇並御。且辭氣鄙背，竟無深澳（奧）而徒難知以（因）
> 因夢，令沈滯失（乎）流，豈所求莊子之意哉！故略而不存，令（今）
> 唯哉（裁）取其長達致全乎大體者爲卅三篇者（焉）。（見武内義雄
> 〈莊子考〉所引）

若天下篇果爲淮南王「莊子要略」之改名者，則亦所謂「或出淮南」者，必
不能存於郭象「卅三篇」之中。

　　其二，淮南子有要略一篇，歷述自殷周之際，以迄戰國之世，各家思想
和時代背景之關係，似頗與天下篇相同，故易於令人聯想及二者有所關涉。
實則淮南王劉安與賓客「共講論道德，總統仁義」，而著淮南子一書（高誘敘），
乃「依文、景之間政治背景所作成的；它是陳述漢初六、七十年政治實況背
後的思想情形的」〔註46〕，明言之，其書之作，甚或不無「欲以行陰德拊循
百姓，時欲畔逆」（《史記・淮南衡山列傳》）之動機在焉？馮氏與張可爲合撰
有〈原雜家〉一文云：

> 淮南內篇之「道術統一」說，受《莊子・天下篇》之影響很大。

又云：

> 本末說的道術統一論，起源於天下篇，而成立於淮南。

「起源」而「影響」，而「成立」，不可能同時發生。則天下篇必非與淮南同
時之〈莊子要略〉可知也。

　　其三，〈莊子要略〉今已並淮南王《莊子后解》一書而失傳，若據《文選》
所引之僅存二句觀之，雖可知劉安或其賓客之「精習莊子」〔註47〕，顧未能
證明天下篇出淮南之手？且今存天下篇，但有「惠施多方」以下之疑爲「惠
施篇」附益於此篇，未聞天下篇有佚文如「江海之士」云云或「庚市子」云
云（張景陽（協）〈七命〉李善注引）者。卽令〈莊子要略〉於千餘載之後重
睹人間，則其體例之仿自淮南要略，將莊子五十二篇逐一述要者，或可想見。
雖然，既有天下篇爲〈莊子要略〉改名之一說，亦可知天下篇與莊子一書關
係密切之一斑矣。

　　（三）此篇產生時代不在莊子卒後

〔註46〕見戴君仁氏〈雜家與淮南子〉一文。
〔註47〕語見王叔岷氏〈淮南子與莊子〉一文。

據前所論，天下篇並非荀卿晚年所作，或其門人後學所作，再據錢穆氏《先秦諸子繫年‧通表》，莊子生卒約數在西元前 365～290 年之間，荀況在340～245 年之間，則荀卿之晚年，已是莊子之卒後，今僅就天下篇之產生時代而言，則亦可定不在莊子之卒後也。

故吾人雖同意唐亦男氏〈莊子天下篇研究導論〉一文中所稱產生年代「當然更不會再是西漢的作品」，以及「從本篇所選評的諸子人物來看，似更應產生在《荀子‧非十二子篇》以前，天下篇所選評的諸子人物，較之《荀子‧非十二篇》所評人物，一般看來皆為較早一時期的人物」等說法頗為有見，而對於唐氏推斷天下篇產生於「莊子以後」，則不以為然也。

（四）此篇產生時代當在莊子晚年

通觀前述有關天下篇之文體組織，批評方式、及思想特質等析論，則吾人已可嘗試推測天下篇之作者，宜乎屬於深契道家思想要妙之莊周。至其產生時代約當莊周之晚年者，理由有三：

就思想之成長而言，莊子一生體道著書，真所謂「彼其充實不可以已」者，自能隨其年齒之增多，而「調適上遂」，躋登於差可媲美孔子「從心所欲，不踰矩」之境界，然而此非六、七十之時或莫能然也。蓋莊子能體悟大道之「原於一」者，必須於少年之逍遙，壯年之齊物，與夫老年之養生並皆自得其「依乎天理」之自然，而後產生此一綜貫諸子之思想也！

就批評之動機而言，天下篇之所以作者，以「天下大亂，天下多得一察焉以自為方」也，今以莊子之生卒年（西元前 365～290，據錢氏《先秦諸子繫年》）對照《史記‧六國年表》，可知莊子三十歲（約西元前 335 年）以後之天下大勢，雖各國或「擊」或「戰」，動輒「斬首」數萬，而其戰取攻伐之頻數，與斬首之多，則無如莊子六十歲左右以後（西元前 305 年左右）之十餘年間者，此時有秦昭襄王七年（西元前 300 年）秦之擊楚，「斬首三萬」，十四年（西元前 293 年），「白起擊伊闕，斬首二十四萬」，秦武王四年（西元前 307 年）之拔宜陽（韓）城，「斬首六萬」，又魏哀王二十一年（西元前 298 年）「與齊韓共擊秦於函谷」，楚懷王三十年（西元前 299 年）「王入秦，秦取我八城」，楚頃襄王元年（西元前 298 年），「秦取我十六城」，等是，則當時諸侯之「強乘弱」而「仁義陵遲」（太史公〈十二諸侯年表〉語）者可知也，而莊子晚年之所以致慨於「天下大亂，聖賢不明，道德不一」者，其來有自矣。

又就文體之先後而言。天下篇之文體雖與逍遙遊、齊物論、養生主諸篇大致相同，而其完成之先後亦有辨焉。天下篇獨爲「莊語」，而其他諸篇類皆「寓言」，寓言雖每「空語無事實」，然亦可「自恣以適己」，必莊子少壯之時，或「爲漆園吏」，或「寧游戲污瀆之中自快」逍遙乎寢臥大樹之下，栩栩然夢胡蝶之所作也？至於六十既老之時，又感其書之參差諔詭，世俗未易知則又何損益於世俗一察一曲之士哉？乃有天下篇之作也。故子玄置之末篇，以之爲序之餘，其未嘗另有微意焉。

然則，今存天下篇乃莊子晚年之所親撰手定耶？此亦歷來學者多方揣度而闇鬱如故者也；蓋以莊子去今逾二千年，時空浩渺，文獻不足，則其人事蹟，焉知其詳？吳康氏云：

> 本篇作自何人，古今論者不一，或多莊生平日論學之作，而爲門徒後學所輯錄成篇者與？顧書缺有間，今莫能深考矣。（見《莊子衍義》）

雖然，吾人既已臚述後世諸人之說而較評其得失矣，又就其書之種種，欲以索究其作者矣，對於天下篇之作者及其產生時代，則誠可從容歸結如是──天下篇原稿，當在莊周晚年親筆草就，或口述大意而傳薪之高足予以筆錄成篇，後雖經門人、後學輾轉相示，不免有所點竄增飾，而其大體未變，精神恒在者乎！此所以自郭子玄以下，學者之炎炎，莫不同道「莊子天下篇，莊子之自序」者也。〔註48〕

─────────────

〔註48〕徐復觀氏《中國人性論史》亦云：「天下篇以出於莊子本人之手的可能性爲最大。」（見十二章）

第三章　天下篇之分析與比較

　　夫以莊子「不譴是非，以與世俗處」之態度而言之，則世人之以天下篇為「黃金、鏌鋣」也，或為「鼠肝、蟲臂」也，自是皆可無所譴問也，蓋於其實，固莫之能傷——此莊子之所以為莊子也；然而後世之學者，既有聞於莊周之風而悅之，目睹其書其人之隱於紛紜眾說之中，幾於黮闇而不明（尤以近代為然），吾人思有以廓而清之，又何辭乎「閒閒」「詹詹」之不韙？亦不得已也。天下篇其地位之重要，與夫其作者暨產生時代之推定，既如上述一、二章矣，其間對於此篇之內容，雖亦多方徵引，隨情因應，而凡所論述，大抵基於見其「全牛」，諺所謂「見森林」而已，吾人若欲更「見樹木」，則此篇其重要內容之分析與有關論略諸子文字之比較等，固所必行，然後可見天下篇之材「如此其美」也。

第一節　天下篇立論所自及有關問題之分析

壹、此篇立論所自

　　天下篇既大體為莊子之所作，然其立論之所以精到如是，按諸學術思想演變之公例，則亦當前有所承也。錢穆氏之言是也：

　　　大凡一種學術思想之特起，於其前一時期中，無不可尋得其先存之
　　　跡象，而即其特提與重視，已足為別闢一新局面之朕兆矣〔註1〕

天下篇學術思想之立論所自，其說法約有下列數種：

〔註 1〕見《中國近三百年學術史》一書第二章黃梨洲乾初論學要旨及梨洲之意見一節，頁 45。

（一）傳孔子大同之道

清王樹枬《莊子大同說》一書云：

> 此篇（天下篇）爲全書結穴，以明己之道術及作書之旨，與諸子不同，故列舉諸子之道術，概以爲不徧不備，一曲之士，己則獨傳孔子大同之道，以爲救世治民之標準，其道至大，其願至宏，其憤世疾俗，雖不免爲過甚之辭，而所言內聖外王之道，實可以俟之百世而不惑。孔子所論大同，亦曰「此懸之夢想」，而古聖無爲之治，要不出此。……通篇莊子蓋深歎戰國人才，專以口辨給人，皆無爲於國家之事，不特道術所不居，即方術亦所不取，遑論大同之道哉。

王氏又於該書「弁言」中云：

> 莊子爲孔子再傳弟子，專明孔子大同之道，蓋其生當亂世，目擊生民之禍不可以終日，故欲一切掃除而廓蕩之，以蘄反乎太古無爲之世，其自言「以天下爲沈濁，不可與莊語」，故其書反復開論，不惜爲過激之辭以警覺當世，其實禮運大同之治，春秋之世，太平之義，皆孔子所有意而未逮者，莊子亦惟懸諸理想，恐千百世無一遇之時也。

王氏又以爲孔子言「無爲而治」，莊子一書全本此旨，內篇即內聖之道，外篇即外王之道云云，則王氏是以天下篇爲「本孔子無爲之旨，大同之說」者也。

按王氏所謂莊子內篇即內聖，外篇即外王之說，既頗可商榷〔註2〕，而稱其書「不惜爲過激之辭」「不免爲過甚之辭」者，或指「讓王」以下四篇？則吾人於第一章第二節已略致其意（頁27），茲者以爲其中雖不無莊子之眞，而十九乃後人「竄易」（東坡語）者，故亦不足據以說莊子本人。

（二）傳顏氏之學

章太炎氏〈菿漢昌言〉云：

> 莊子傳顏氏之儒，述其進學次第。田子方篇「顏淵問於仲尼曰，夫子步亦步，夫子趨亦趨……」，此蓋「仰高鑽堅，瞻前忽後」之時也；人間世篇「仲尼告以心齋……」與「克己」相應者也……大宗師篇「顏回曰，回忘仁義矣……丘也請從而後也」。夫告以爲仁之道而能忘仁，告以復禮而能忘禮，離形去知，人我與法我同盡，斯謂「克己」，同於大道，斯謂天下歸仁，此其造詣之極也。

〔註2〕見王叔岷《莊學管闚》，頁25，「莊子卅三篇新系統」。

又云：

> 莊子列禦寇篇「賊莫大乎德有心而心有睫，及其有睫也而內視，內
> 視而敗矣」，所說二十四字，非了達孔、顏最後深趣者，必不能道
> 此。

章氏以佛典解此句爲「德者，得也，睫者，目旁毛，所以表目，無睫則謂之
瞽，心有睫者，言乎其能見也，夫心不見心，而所得有心，以所見之心爲境，
以能見之心爲睫，如是內視，所見祇爲影象，與蜃市尋香城無異，斯於道敗
矣。然大乘人在加行位，顏子在瞻仰時，靡不經此幻相，以其有所障，斯得
賊名」，章氏又謂「非與仁冥，不能忘仁，非與禮冥，不能忘禮，所見一豪不
盡，不能坐忘，忘有次第，故曰屢空」，並斷以「顏苦孔之卓之論」爲「大謬」，
莊子奉顏子之「造詣」爲「極」。此莊生所以傳顏氏之儒也。

（三）傳子夏或田子方之業

韓愈〈送王秀才塤序〉一文云：

> 蓋子夏之學，其後有田子方，子方之後，流而爲莊周……故周之書，
> 喜稱子方之爲人。

其後章學誠作《文史通義》，嘗言「荀、莊皆出子夏門人」（見所著內篇〈經
解上〉），殆推本退之之說〔註3〕者也。

（四）要本歸老子

司馬遷《史記・老子韓非列傳》有「莊子……其學無所不闚，然其要本
歸於老子之言」之說，而今人謝无量氏嘗以爲老子論周末學派變遷之序甚驗，
其言云：

> 老子曰：「失道而後德，失德而後仁，失仁而後義，失義而後禮。夫
> 禮者，忠信之薄，而亂之首。」當春秋之末，老子昌言道德，其所
> 謂道德，與孔孟略異，蓋以爲仁義未起前之狀態，故曰「失道而後
> 德，失德而後仁」。孔子年輩，固後老子，果標仁字爲其學之根柢，
> 去孔子約百年而孟子出，則兼言仁義。去孟子數十年有荀卿，乃一
> 切本諸禮。至於荀卿門人李斯、韓非之徒，竟悉舍道德，執法治主
> 義……於是時俗競以智巧詐術爲尚矣。老子所指爲「亂之首」者，
> 何其驗耶？老子自秉最高之道德，而觀於時勢之就下，確不可避，

〔註3〕見甘蟄仙〈莊子研究歷程考略〉一文。

乃爲斯言，於周末學術變遷之序，範圍不過。〔註4〕

莊子天下篇乃論學派之作，則老子「斯言」，或即與之有宗屬關係者？

以上四說，（一）說係就莊子乃「孔子再傳弟子」而推論，然莊子雖最尊仲尼〔註5〕知孔子深〔註6〕，而「再傳」之事，並無確證，太炎先生已於其〈文錄徵信論上〉駁之矣，且孔子大同理想所謂「選賢與能，講信修睦」，「親其親，子其子」云云等「仁厚之教」，仍不免如成玄英所謂「行仁義、禮君臣者，不離有爲君子也」，此與莊子「無響」「無方」「無端」「無旁」「無始」所謂「合乎大同」，絕對無爲之「大人之教」（在宥篇）者，終有鑿枘之別。至於《論語》載孔子有「無爲而治者，其舜也與」之言，《禮記》又另有「無爲而成」（中庸）「無爲而物成」（哀公問）之說，皆孔子栖栖弘道「知其不可而爲」中，一時之寄慨耳。王樹枏之以「莊子蓋深歎戰國人才專以口辯給人」，則墨、禽非「爲之大過」，宋、尹非「爲人太多」者乎？

其次（二）說以爲莊生嘗述顏子「進學次第」，其「心齋」「坐忘」，頗近於「內聖」，「忘仁」「忘義」，又能近於「外王」，惜乎顏子不幸短命，故恐其學之「造詣」實未眞正達於「極」，此孔子所以有「天喪予」之歎惋也。然莊子必亦知顏學之深，故篇中屢及之，錢穆氏以爲「由莊而顏，亦庶幾乎尼山之一面」是也。唯天下篇是否「由顏而莊」，則似未有人論及？

復次（三）說莊子出子夏之門人，即田子方之徒，今據錢穆氏《先秦諸子繫年・通表》，知田子方之卒（西元前 400 年），後三十五年莊周始生，則周如何親炙而全受其影響？且《莊子》僅〈田子方〉一篇言及「子方無擇」，又是與魏文侯對答者，文侯嘗稱「吾聞子方之師，吾形解而不欲動，口鉗而不欲言」，當是「文侯師也」（成疏）非莊子師明矣。故章太炎氏亦以爲「韓愈疑田子方爲莊子師，按莊子所稱鉅人明哲，非獨一田子方，其題篇者，又有則陽，徐無鬼輩，將悉是莊子師耶」。

凡此三說之所起，或由於莊子思想近儒家，而天下篇特又以詩書禮樂置於「總論」之中，似格外「尊仰」之者？其實，六經之名雖「起於孔門弟子」（實齋語），而六經之實，則諸子所共取資，非儒家之專有，吾人於緒論中已

〔註4〕見謝无量所著《中國哲學史》，頁 132～33。

〔註5〕見方以智《藥地炮莊》天下篇末引劉概語。《莊子集成初編》輯錄《藥地炮莊九卷》。

〔註6〕見錢穆《莊子纂箋》（大宗師篇）。

言之矣。然莊子「其學無所不闚」，其受孔、顏等儒家之影響者，自不待言。
是以錢穆氏《中國思想史》云：

> 莊周書中頗多稱引孔子、顏淵，只是注重他們的消極面，不注重他
> 們的積極面。注重在藏與獨善，不注重到行與兼善。

蓋莊子多稱引孔、顏，專取二人之「消極面」，而舍其「積極面」者，是其「重
言十七」，「重言」乃莊子借重聖賢其人而已，其言則莊子一己之意也，不復
聖賢之意也。故莊子之學，（含天下篇之學）是否直接源自儒家，則吾人之所
不敢必也。

至於最後一說（（四）說），太史公昔日但言莊子之學「其要本歸於老子
之言」，並未具言其故，後人則漸能闡明其底蘊。王叔岷氏《莊學管闚》云：

> 莊子之學，廣博無垠，然其要本，仍歸老子。《藝文類聚》三六引嵇
> 康《高士傳》：「莊子少學老子」是也。成玄英〈莊子（疏）序〉，稱
> 莊周「師長桑公子受」，而於山木篇復云：「莊周師老聃」（按、「入
> 其俗，從其令」句疏）：謂師長桑公，乃傳說之妄，謂師老聃，則莊
> 子中信而有徵，莊子於老子最爲尊崇。……莊子之生，距老子之卒，
> 大約一百年。岷以爲莊子師老聃，不如謂莊子宗老聃。……莊子雖
> 遠師老聃，然其基本觀念，實不盡同……惟莊書中，於老子最爲尊
> 崇。莊子固是宗老者，特莊子之學，不爲老子所限耳。〔註7〕

「莊子宗老」則吾人於索閱天下篇「以本爲精」以下，愈能信而有徵。故明
葉秉敬《莊子膏肓》，於天下篇「芴漠無形」以下一段嘗云：

> 至此方自序，即其列于老子之後，分明自認淵源之自矣，特其立言
> 恣縱，作用不同，故另作一家道術。

故「天下篇所傳可以說是正統道家底思想」〔註8〕。「天下篇中的老聃，正是
莊子的前輩，莊子正繼承其思想而發展」〔註9〕。

莊子其「要本」既「歸老子之言」，老氏本爲周之「守藏室之史」，則莊
子「乃所願，則學老子也」，於「百官」之書遂無所不闚矣；然後又「遠師」
老子預測學術變遷由道而德，而仁而義而禮之意，乃論天下道術散而爲各家

〔註7〕《莊學管闚》引言壹莊子之生平四師友及弟子（頁6）。文中莊老生卒可另參
　　　梁啓超《諸子考釋》中〈先秦學術年表〉。
〔註8〕見許地山《道教史》，頁30。
〔註9〕見徐復觀《中國思想史論集》，頁98。

方術之旨，而成莊子天下一篇。

貳、此篇出現之問題

天下篇中諸如關、老是否爲師徒，老、莊孰優孰劣，「惠施多方」以下一段是否原屬本篇文字，莊、孟是否相論及等，皆迭經學者討論，茲更述其要如次：

（一）關、老是否爲師徒

在論述天下篇中關尹與老聃其間關係之前，先約略定此二人究爲何許人。

漢劉向〈上關尹子序〉云：「關尹子名喜，號關尹子。」班固《漢書‧藝文志》道家關尹子九篇，注云：「名喜，爲關吏。」成玄英（天下篇）疏云：「姓尹，名熹，字公度。」陸德明（經典）釋文云：「關令尹喜也。或云尹喜，字公度。」又《呂覽‧不二篇》「關尹貴清」，高誘注「關尹，關正也，名喜。」今人譚戒甫或卽綜上諸說以與〈養生主〉篇之「秦佚」合看，以爲關尹，乃守秦關之令尹，名喜，字佚，亦卽秦佚也，其說可從〔註 10〕，而「秦關」則指「函谷」而言〔註 11〕。

至於老聃其人，今昔論之者眾矣，茲不具錄。近人唐蘭氏以爲「對於此問題，其重要之資料爲莊子」，今卽由莊子書中關於老聃或老子之事實，共有十六處，總結出四點，其中兩點爲「聃與老子爲一人……老聃居沛」，是也。〔註 12〕

其次論此二人關係。

有以老子爲師，關尹爲弟子者。班固漢志〈關尹子九篇〉下注云：「老子過關，喜去吏而從之」一詞，固兼有從而師之之義，第關尹因老子之過關而竟不惜「去吏」，足見其崇拜老子之意必甚殷切，遂以之爲師也。成玄英疏亦云：「老聃卽尹熹之師老子也。師資唱和，與理相應，故聞無爲之風而悅愛之也。」成氏乃明指關尹爲老聃之弟子者。

有以關尹爲師，老子爲弟子或後學者。明王世貞以爲關尹「非深於師老子者」，故梁啓超《諸子考釋》云：「《莊子‧天下篇》言『關尹、老聃』，以彼文『墨翟、禽滑釐』，『彭蒙、田駢』之例例之，則老聃似是關尹弟子或後學，舊說謂尹爲老子弟子，恐不確。」

〔註 10〕見譚氏〈二老研究〉一文。第一章第二節註十一嘗引其說。

〔註 11〕見汪中《述學‧補遺》老子考異。

〔註 12〕見文學周刊第十三至十五期唐蘭〈老聃的姓名和時代考〉一文。張心澂《僞書通考》，頁 679～682 亦摘引其說。

　　按以上二說，持論相反，並於理未洽。就前者而言，若關尹爲弟子，則天下篇何以三度皆老聃置於其次？就後者而言，墨、禽與彭、田等彼此固有師弟關係，而宋鈃、尹文者「同遊稷下，宋著書一篇，尹著書二篇，咸師於黔（首）而爲之名」（「宋鈃、尹文聞其風而悦之」句成疏），二人乃同儕耳，雖可例於彼而不可例於此。

　　故吾人以爲關、老二人誼屬朋輩較妥。此則自太史公已有此說矣。《史記・老子韓非列傳》云：

　　　　老子脩道德，其學以自隱無名爲務。居周久之，見周之衰，迺遂去，至關，關令尹喜曰：「子將隱矣，強爲我著書。」於是老子迺著書上下篇，言道德之意五千言而去，莫知其所終。

劉向《列仙傳》亦云：

　　　　關令尹喜者，周大夫也。善内學星宿，服精華，隱德行仁，時人莫知。老子西游，喜先見其氣，知眞人當過，候物色而迹之，果得老子。老子亦知其奇，爲著書。與老子俱之流沙之西，服巨勝實，莫知其所終。亦著書九篇，名關尹子。

據宋黄伯思《東觀餘論》之說，則《列仙傳》雖非向筆，而事詳語約，詞旨明潤，疑東京人作，故葛洪《神仙傳》已引其說。關尹既與養生主篇「秦佚」爲一人，則莊子時並無老子出關，莫知所終之傳說〔註13〕，關尹亦無俱之流沙之西，從亦可知矣；蓋史公「莫知所終」一語，可能出自一時之附會（後東晉道士王符〈老子化胡經〉或卽緣此而著？）而所述老子爲關尹「著書」之事，諒非一無所據？《關尹子九篇》，明胡應麟已疑其僞（見《四部正譌》），至《四庫全書總目》亦云「或唐五代間方士解文章者所爲」，則天下篇凡「關尹曰」，當爲《關尹子》其書之僅遺者乎？是以關尹其書雖有僞，而其人則宜與老聃同時〔註14〕，二人之間，可謂道友而已；此養生主篇載「老聃死，秦佚弔之，三號而出，弟子曰，非夫子之友邪」是也。故天下篇以二人同悦古風，乃並列之。

（二）老、莊孰優孰劣

　　此處所謂「優劣」，蓋比較之詞耳。歷來一般學者或以天下篇中莊周之學自老聃出，遂以爲老聃之道，本爲「至極」；或以莊周別鈙己學，必自異於老聃，甚而超越乎老聃，故乃有「優劣」之說也。

〔註13〕見梁啓超《諸子考釋》。
〔註14〕宋陳振孫《書錄解題》、明宋濂《諸子辨》。

首述老優莊劣。成玄英疏云：

關尹、老子，古之大聖，窮微極妙，冥真合道，教則浩蕩而弘博，
理則廣大而深玄，莊子庶幾，故有斯嘆也。

成氏所謂「莊子庶幾」，則自以爲未達「至極」可知。其後學者，大多承成氏
之意而說，如明吳伯與《南華經因然》云「……所謂獨與神明居，至極之道
也。若是則莊子之尊老，至矣」，郭良翰《南華經萃解》云「可謂至極者，言
此天下至極之道也」，釋性通《南華發覆》云「道之大，無以加于此矣」，又
清末阮毓崧《莊子集註》亦云「贊其於道術，登峯造極也」，凡此皆以爲老優
也。

次述莊優老劣。明譚元春著《莊子南華眞經評》，其天下篇末有「總論」云：

惟關尹、老聃爲至極，因讚曰「古知博大眞人哉」；不離于眞，謂之
「至人」，去「才士」遠矣。然至人在天人、神人下，觀莊所自道，
其有不離宗，不離精之想乎；至人一座，猶似傲然不屑焉。

莊既「傲然不屑」於「古之博大眞人」，則何以又讚爲「至極」乎？近人劉文
典「莊子補正」云「碧虛子校引江南李氏本、文如海本，『可謂』作『雖未』。
典按，江南李氏本、文本義較長；高山寺古鈔本作『雖未至於極』，今人王
叔岷氏即以爲作「雖未至於極」者「極是」，其理由爲：

天下篇述老子（及關尹）之道術既終，續述莊子之道術云：「彼其充
實……未之盡者！」所論實超乎人事之上，可知莊子之空靈超脫，
實超乎老子之上，然則老子之道術不可謂之「至極」矣。……
蓋老子之道術與莊子之道術比而觀之，老子尚未達於極致，莊子實
較空靈超脫。老子偏重人事，莊子偏重天道；老子偏重外王，莊子
偏重內聖；老子重生，故言「長生久視之道」，莊子則外生死，老莊
之書，並可驗證。莊子實較老子深遠也。（見《莊學管闚》〈司馬遷
與莊子〉一文）

王昌祉氏亦謂「我以爲『雖未至於極』更符天下篇全文意義」（見〈莊子天下
篇作者及其評莊、老優劣〉一文）。

以上二說，前說似囿於「至極」與「博大眞人」之字面而云然，後說則
就「至極」之異文與二子之比較，以定其說。意者以爲後說爲長也；唯其中
尚有所辨。江瑔《讀子巵言》云：

莊子之學雖淵源於老子，而究未大同。……故天下篇論諸家，以關

尹、老聃竝言，而己則立乎其外，有睥睨一切之意。又分天人、至
人、聖人數種，己自居天人，視老子僅爲至人，是其意，每欲高老
子一等，故其言亦往往出乎老子範圍之外。

按莊子本爲「不譴是非」「以平意說己」之人，故不必有如江氏「每欲高老子
一等」之想。至於「天人」、「神人」、「至人」、「聖人」，「凡此四名，一人耳，
所自言之異耳」（子玄語），猶逍遙遊篇之說「至人」「神人」「聖人」，「其實
一也」（玄英語），則所謂「天人」或「至人」，兩者之間，實未所軒輊也。沈
一貫《莊子通》卷十天下篇云：

詳莊子之意，謂老子渾樸慈儉，有無雙存，乃應化之眞人也；而己
則高明儻蕩，獨與造化遊，直是本體眞人也。……道則無二矣。

以老子爲「應化之眞人」，莊子爲「本體眞人」，頗能知莊子之意，可謂有見
地者，蓋老、莊皆「眞人」也，雖其體用不同，亦任其自爾，何須月旦其間
乎？老、莊皆悅古之道術者，然而老子固「尙未達到極致」（王叔岷氏語），
悅之而尙未達於道術之全體；莊子不亦自覺對於應化解物之理，芒昧「未之
盡」〔註15〕，並未達於道術之全體乎？老、莊之悅古道，雖有「深遠」「洸洋」
之分（太史公語），而就天下篇之觀點而言，二人之道則「無二」也。

（三）「惠施多方」以下是否屬本篇

　　天下篇既是莊子之自序，則評論各家之學之後，宜以己學爲結，今則又
接「惠施多方」以下一章者，何也？一般學者有以惠施等辯者之徒未與於道
術之列，唯惠施與莊子私交甚篤，故附於篇末者；亦有以此篇批評各家次序，
惠施等宜置墨、禽之前者，此皆以此一章原屬天下篇之說也。又有以此一章
別爲莊子「惠施篇」之移入此篇者，此則以之原非天下篇也。

　　茲者先述其以爲此章不屬於天下篇者。日人武內義雄〈莊子考〉云：

天下篇上半引崔、向音者多，下半「惠施多方，其書五車」以下，
絕未一引。《列子・仲尼篇》之文與此篇下半有相似者，張注亦不
引向說。《北齊書・杜弼傳》有「杜弼注莊子惠施篇」，莊子曾有惠
施篇也無疑，此篇下半非即惠施篇歟？列子張注所引多惠子語，出
此，亦令人想像此部分爲惠子篇之原因也。果若是，天下篇下半，
爲獨立於五十二篇本外之一篇，向、崔不施以注，似郭氏據司馬本

〔註15〕「未之盡者」一句解從蔣錫昌氏〈天下校釋〉。

而附記於天下篇末者。

唐亦男氏〈莊子天下篇研究導論〉略云：

> 惠施一段原非屬於天下篇——漢志載莊子五十二篇。莊子逸篇多，其間歷經竄易，錯簡，逸篇，變化極大。或郭象只因此段文字性質亦是專門評述一子，故隨意取而附於天下篇末，所謂「存而不論，以貽好事」。故疑惠施一段原爲莊子惠施篇——《北齊書》謂杜弼既明言注《莊子‧惠施篇》，則其所注，或是當時北方所保存的原本五十二篇之莊子，而原本莊子五十二篇中，具有惠施篇，亦當是必然無疑問。

張成秋氏〈莊子天下篇之研判〉亦略云：

> 天下篇「惠施多方」以下，論者皆認其別屬一篇（王叔岷《莊子校釋》，葉國慶《莊子研究》），余亦認爲惠施多方以下，與天下篇之文不類，其補充理由如下：
>
> ①惠施緊接莊子之下。天下篇論百家學術，最後莊子自敘己派之所學，論畢自己，則全文已完，不當在自己之下，又夾入他家之學以亂次序。
>
> ②前述各家，皆略論其學，然後加以簡單之評論，此則前後皆有評論，而述其學於當中。
>
> ③其他各家皆未有詳細介紹，此則較諸關尹老聃與莊子本身，尤爲加詳焉。

主張別有所謂惠施篇者，以此三氏之說較詳。武內之說以東晉張湛注《列子‧仲尼篇》所引多惠子語，而《北齊書》又有杜弼嘗注「惠施篇」；唐氏以郭象就今佚莊子中取其專門評述惠施者附於篇末；張氏以此段體例不與天下篇所評各家合。蓋三氏皆以爲「惠施多方」以下宜別屬一篇者，此其要也。

上述說法，實猶有未密。蓋張湛注《列子》所引惠子語，其來源未必出於所謂「莊子惠施篇」，或漢志〈惠子一篇〉。名家之言，至魏晉清談之世，方流行未亡（隋、唐志始不著錄），張湛即據之以注書，而其所據之〈惠子一篇〉數語「惠子曰：指不至也」，「惠子曰：飛鳥之景，未嘗動也」「惠子曰：一尺之棰，日取其半，萬世不竭也」，正幾乎與《莊子‧天下篇》此段各該句同；不然，若天下篇此段即所謂莊子惠施篇，則張湛何不續引「惠子曰：孤駒未嘗有母」，以注同篇（〈仲尼〉篇）「孤犢未嘗有母」，而僅於其下謂「不詳此義」？此其一。而「惠施多方」以下，或在莊子五十二篇未散佚時代，原即保持於天下篇中，

魏晉南北朝之時，惠施一段或嘗獨立成所謂惠施篇，一度流行於世（古人書常以篇單行，《史記・老莊申韓列傳》有「秦王見〈韓非〉〈孤憤〉、〈五蠹〉之書」之記載可證），以迎合當時清談之需，至北齊杜弼之時，遂有杜氏「嘗注《莊子・惠施篇》」之史傳？此其二。至於天下篇因原即屬於「序」之性質，而惠施以下又居於總結之地位，故其體例不免有異於其他各章。此其三。

其次，述惠施以下一章宜置於墨、禽之前者。

張默生《莊子新釋》云：

> 惠施多方以下……是古代名家的一派。莊子對於名家的學說，攻擊最力，在全書中，屢屢提及，都是深惡而痛絕的。他之不滿於名家，更甚於他之不滿於墨家；因爲名家的學說，在他看起來，都是察察之明，剖判大道的，如果是一篇的話，按照他批評名家的次序看來，在本篇的「總論」以後，必首先批評名家。

張氏蓋以莊周爲「與天爲徒」之標準，而以惠施等辯者，乃「與人爲徒」之代表，故有此說。（按顧實《莊子天下篇講疏》亦云：「墨翟、宋鈃、惠施三家，皆有爲派也；慎到隨物，老聃、莊周乘物雖各不同，而爲無爲派則一也。」此張氏與顧氏之同主分別天下篇爲兩大派也。）

莊子對於名家學說，雖攻擊甚力，而「交互影響」〔註16〕者亦多；莊子既要本歸老子之言，其與老子之關係固甚密，而「莊、惠標濠梁之契，發郢匠之模」（陸德明語），二人私交亦篤，則莊子敘其師承於前，列其友輩於後，其「次序」亦頗自然，況莊子又有深意於其間。故姚鼐《莊子章義》云：

> 末又以其書瓌瑋譎詭，近于辯者，故併及惠施，以爲彼之「紛駁」，無與於道術，若莊子之「充實不可已」，與辯者懸殊，欲世讀者，毋偉其詞，而失其旨也。

復次，述惠施附於篇末之說。先列諸家之說於下。

林希逸《莊子口義》云：

> 此篇莊子之終也，卻以惠子結末，雖以其不預聞道之列，亦以辯者之言，因皆以無爲有，而其語亦自奇特，故以寘之篇末。

陶望齡《解莊》云：

> 惠子列於古今道術之外。諸子尚有寘落處，施徒夸談，不足術也。

章太炎〈菿漢昌言〉云：

〔註16〕語見婁良樂氏《惠施研究》。

莊生云，「由天地之道，觀惠施之能，其猶一蚉一虻之勞者也，其于物也何庸！」夫不省内心，不務質行，而汎言宇宙之原，庶物之根，所謂咸其輔頰舌也。

葉秉敬《莊子膏肓》云：

此以惠施之道終之，夫莊之與惠，嘗發郢斤之歎，乃此篇于諸家互有去取，而于惠子似純乎貶者，蓋以道之公論之，不敢私一惠子以惑萬世也。

陳鐘凡《諸子通誼》亦云：

別出惠施、桓團、公孫龍，以爲非得於古之道術者。

此諸家蓋以惠施夸談汎言，不務質行，悠忽品德操履，故特附篇末示貶之，以爲不足預聞古之道術者也。

其實莊子既謂「惜乎惠施之才」，則莊子亦知惠施有才，非全貶之，非以爲不預聞道之列者也。故焦竑《莊子翼》引《筆乘》云：

凡莊生之所述，豈特墨翟、禽滑釐以來爲近於道，卽惠施之言亦有似焉者也。劉辰翁所謂「唯愛之，故病之，而不知者以爲疾也」。

則莊子實知惠子之深者。故錢穆氏《莊老通辨》云：

又於莊周之後獨譽惠施，施之年輩，較莊尚略前，且又早達，若依時序，固當惠先莊後。所以特序於篇末，則因施、周同時，又同爲主張萬物一體，兩人持義最相近，亦最見其相遠。故獨承於周而論之也。

顧實《莊子天下篇講疏》亦云：

然天下篇當以莊子終，而以惠施殿者，豈莊子自嘆惠施死而無與言者，深惜其才，而以是寓微意歟？

由此觀之，莊子之後所以承以惠子者，豈不亦愛其「善辯」之口才乎？高明先生云：

莊子天下篇歷敍先秦諸子之各以方術鳴者，於鄒魯之士，搢紳先生能言詩、書、禮、樂以後，則繼之以墨翟、禽滑釐也，宋鈃、尹文也，彭蒙、田駢、慎到也，關尹、老聃也，莊周也，而殿之以惠施。

是惠施非儒，非墨，非道，而亦爲先秦之顯學可知也〔註17〕。

學者或以爲惠施「不成一家」者（陳壽昌語），當以惠施之名學，乃諸子之公

〔註17〕見師大國文研究所集刊第十期「弁言」。

器，各家皆須用名學爲治學論世之法也〔註18〕；惠施當時正以名學鳴，且「自以爲最賢」，雖未標舉其所悅聞之「古之道術」，而就其「方法論」之建立言之，實則可成一家，故莊子殿之，或卽以爲惠施之名學，固亦先秦當時之顯學也，其影響所及，則以上諸家是也，此與本篇「總論」，以天下道術「皆原於一」，儒、墨百家皆是也之意，遙相呼應。

（四）莊、孟是否相論及

孟軻嘗「游事齊宣王」，並不遠千里「適梁」，見梁惠王，而莊周亦與「梁惠王、齊宣王同時」〔註19〕，後世或斷莊、孟二人互未論及對方，或疑二人雖未明指對方姓氏，實則已間接相互論及。吾人據天下篇文字，當以二人相互論及之說較爲可信。

第一，天下篇「鄒魯之士」一句下，錢穆氏按云：「鄒，孟子生邑。」（見《莊子纂箋》）則所謂：「其在於詩、書、禮、樂者，鄒魯之士，搢紳先生，多能明之。《詩》以道志，《書》以道事，《禮》以道行，《樂》以道和，《易》以道陰陽，《春秋》以道名分。其數散於天下，而設於中國者，百家之學，時或稱而道之。」或卽隱指孟子等儒家之能明「詩書禮樂」也。

「詩書禮樂」等六經之名，固漢代始有，而其起源則甚早，劉申叔氏《國學發微》以爲「皆古聖王之舊典」是也，孟子「序詩書，述仲尼之意」（《史記・孟子荀卿列傳》）故其書多引「詩云」「書曰」，常言《禮》《樂》〔註20〕並及《春秋》與《易》〔註21〕，莊子既頗能「詮明舊籍」〔註22〕必深知孟子者，故其陰評之如此，是以朱子嘗言之云：「莊子於書都理會過，如此數語，字字有著落，後來人如何下得它。」（見《朱子語類》論卷之七〈論諸子〉）

第二，天下篇論古之道術，首闢墨子曰：「不與先王同，毀古之禮樂。」又闢其薄葬之說曰：「古之喪禮，貴賤有儀，上下有等，天子棺槨七重，諸侯五重……今墨子獨生不歌，死不服，桐棺三寸而無槨，以爲法式。以此教人，恐不愛人；以此自行，故不愛己。」近人陳柱氏以爲「此說豈不益足爲孟子告墨者夷之之說（見《孟子・滕文公上》）張目哉」，是也。蓋莊子書中多寓

〔註18〕參考林師耀曾「中國學術流變史」上課筆記。

〔註19〕引號部份見《史記・老子韓非列傳第三》。

〔註20〕如〈梁惠王〉篇莊暴見孟子章以「鐘鼓之聲管籥之音」，〈離婁〉篇首章以「六律五音」喻治天下，二十七章又言「禮之實」、「樂之實」等。

〔註21〕孟子言《春秋》見〈滕文公下〉第二十一章：孟子雖未引《易》，然其養浩然之氣，或亦由《易・頤》之「養正則吉也」之啓示？

〔註22〕見劉申叔《國學發微》。

言，故雖曰「屈折禮義，縣跂仁義」（馬蹄篇），而莊子之本意則在屈折「假」禮義，縣跂「假」仁義耳，此所謂「正言若反」之例也；至於天下篇，乃純以「莊語」出之，其說之爲孟子倡仁義之「張目」者，愈見顯著也。

第三，天下篇莊子自言其修身曰「獨與天地精神往來」，曰「上與造物者遊，而下與外死生無終始者爲友」，而孟子謂宋句踐曰「子好遊乎？吾語子遊。人知之，亦囂囂，人不知，亦囂囂」，又曰「夫君子所過者化，所存者神，上下與天地同流」（以上見〈盡心上〉）朱子註云：「趙氏曰，囂囂，自得無欲之貌。」又云：「（上下與天地同流），乃與天地之化，同運並行。」則與莊子「乘變化而遨遊，交自然而爲友」（天下篇「上與造物者遊」句下成玄英疏）者幾同乎逍遙也，故孟子之言「充實」曰：「充實之謂美，充實而有光輝之謂大，大而化之之謂聖，聖而不可知之之謂神。」（〈盡心下〉）莊子之言「充實不可以已」亦卽在「備於天地之美，稱神明之容」，以原於聖神之道也。

然則莊之與孟其學說思想可以等觀乎？曰，固不可也。蓋莊子之「充實」，自獨善出發者也，孟子之「充實」，則自「兼善」出發者也，二人目的雖大同，精神則終究有異，故莊子自爲莊子，孟子自爲孟子也。至於二人何以未能直截批評對方者，並非各不相知，此或當日之勢，有其不得不然者歟？王學易氏《莊子考》一文略云：

> 或者孟子在梁齊時，莊子還在宋的本邑，所以他倆人沒會過面。
>
> 史記又說他「善屬書離辭，指事類情，用剽剝儒、墨，雖當世宿學，不能自解免也。其言洸洋自恣以適己，故自王公大人，不能器之。」可知莊周很會做文章來攻擊儒、墨，孟子是不得已而後辯的人，所以莊周既不向他挑戰，他也樂得去避免了。
>
> 再者，他的學問，既爲王公大人所不器重，自然不會爲孟子一流人物所注意的。
>
> 另據《初學記》引《韓詩外傳》說楚襄王遣使持金千斤欲聘莊子爲相，莊子固辭不許的話看來，可知莊周的活動時期，比孟子是稍後幾十年了（《文選》卷三十一，《太平御覽》四百七十四都有與《韓詩外傳》相同的記載）。
>
> 由此看來，聘莊子時乃是楚襄王（即頃襄王）即位於威王沒後三十年時代，自西元紀元前298～263年。《史記》與《韓詩外傳》記事，莊子不受楚聘時期，既相差二、三十年，可知莊周的活動時期，或

也可說他的顯名時期，確在孟子之後了，因此他雖與孟子生在同時，

孟子自是提不到他。

王氏之推論綦詳，惟吾人爲莊子之顯名時期是否在孟子後，或莊、孟二人有否「會過面」原無關宏旨，蓋「其時著作之流布，學說思想之傳達，必甚便利，其情況實無異於後代」〔註23〕，即使二人有幸相值，則以莊子「無物不然，無物不可」之「無言」精神（寓言篇），信能「不譴是非」（天下篇）也；尤有進者，莊子之「剽剝儒墨」，殆不指孔、孟其人，或墨、禽其人也，蓋專指「後世之墨者」，與夫「不該不偏」之「僞儒」也〔註24〕？

第二節　注家所見天下篇之分析

吾人今日研讀莊子之書，分析天下篇之文，固莫貴於深思自得，然而前賢之註釋，今哲之解疏，自是遊乎漆園者之筌蹄，乃莊學之一環也。雖然，錢穆氏對於古今注莊子者亦有感慨焉，其言云：

> 然得於此者失於彼，明於前而昧於後。欲求一通體朗暢，愜人心意者而難之。（見《莊子纂箋》序目）。

錢氏蓋就莊子全書之注而言，吾人若專移之以說天下篇之注，誠亦無不可也。

茲請分義理、文章、與校勘等項，試說天下篇重要注家之得失焉。

壹、義理方面

陸德明《經典釋文・莊子敘錄》載有《崔譔注》十卷二十七篇，《向秀注》二十卷二十六篇，《司馬彪注》二十一卷五十二篇，《郭象注》三十三卷三十三篇，《李頤集解》三十卷三十篇，《孟氏注》十八卷五十二篇以及《王叔之義疏》三卷，《李軌音》一卷，《徐邈音》三卷。陸氏並云：

> 惟子玄所注，特會莊子之旨，故爲世所貴。

此所以崔注等後世漸亡，而今存者以郭注爲最古者也。明馮夢禎亦云：

〔註23〕見錢穆《莊老通辨》，頁179。（「一八、略論當時各家學說思想流布之情況」
　　　　一節中語）
〔註24〕李寶淦按：「此（天下）篇欲推明詩、書、禮、樂、易、春秋之道，故稱聖賢
　　　　道德，鄒魯先生以下，復評論諸子，自道其著書之術，知非堯舜而薄周孔者，
　　　　皆寓言十九也，明乎此，始可與言莊子。」（《莊子文粹》）又劉鴻典云：「吾
　　　　謂孟子距楊、墨以明孔子之大，所以樹道外之防；莊子詆僞儒，以存孔子之
　　　　眞，所以別道中之蠹。」（《莊子約解》）

　　注莊子者，郭子玄以下，凡數十家。而清奧淵深，其高處有發莊義
　　所未及者，莫如子玄氏。蓋莊文，日也，子玄之注，月也，諸家，
　　繁星也，甚則爝火光也。〔註25〕

今人牟宗三氏亦云：

　　道家之玄智玄理，至莊子而全部朗現。所謂「宏大而辟，深閎而
　　肆」，「調適而上遂」者是也。……莊子之玄智玄理，有向、郭發之。

〔註26〕

或曰郭象之注莊，乃竊向秀之義而爲己注者，顧吾人合《晉書》向、郭二傳
觀之，所謂「竊」字，於彼時之詞意，諒非直鈔之剽掠？又按向秀之注但二
十卷二十六篇，而郭象注三十三卷三十三篇，則郭之有取於向者殆如班固《漢
書》之規仿太史公耳，向秀雖能發明莊子之「奇趣」，微郭象斯人之「又述而
廣之」，則後世如何重究莊子之「旨統」？故《晉書》雖以「向、郭二莊，其
義一也」，而吾人仍取郭氏爲說莊義理方面之代表焉。

（一）郭象莊子注

　　前舉陸德明以子玄之注，「特會莊生之旨」及馮夢禎以之爲「發莊義所未
及者」云云，蓋亦皆郭氏注天下篇之「得」處，略述如次：
　　天下篇曰：「聖有所生，王有所成。皆原於一。」郭注云：

　　　使物各復其根，抱一而已；無飾於外，斯聖王所以生成也。

「無飾」即「無爲」，亦即莊生逍遙遊篇「無待」之意邪？「無」（或作无）
者，莊生之要旨〔註27〕而子玄會之。
　　天下篇曰：「知不知，將薄知而後鄰傷之者也。」郭注云：

　　　謂知力淺，不知任其自然，故薄之而後鄰傷也。

　　天下篇曰：「無爲也而笑巧。」郭注云：

　　　巧者有爲，以傷神器之自成，故無爲者，因其自生，任其自成，萬
　　　物各得自爲，蜘蛛猶能結網，則人人自有所能矣，無貴於工倕也。

「工倕」，有爲之人工也，無貴於工倕，則貴於自然明矣。蓋郭氏之注逍遙遊篇

〔註25〕見郎擘霄氏《莊子學案》所引。
〔註26〕見《才性與玄理》，〈向郭之注莊〉一文。
〔註27〕莊子書中既可以「遊」字貫其旨（此本王叔岷氏《莊學管闚》之說），而遊之
　　　　極致，則「至人無己，神人無功，聖人無名」乃可以「遊於無窮者」也。故
　　　　明焦竑《莊子翼》云「莊子之學詳於『無』」。

「乘天地之正，御六氣之辯」數語，嘗云「天地者，萬物之總名也。天地以萬物為體，而萬物必以自然為正。自然者，不為而自然者也。」則「無貴於工倕」者，「任其自成」者，「萬物必以自然為正」之故也。而郭氏所謂「各自任也」（注「決然無主」），「都用乃周」（注「選則不徧」），以至「自天地以及羣物皆各自得而已，不兼他飾，斯非主之以太一耶」（注「主之以太一」），亦莫非主張「萬物必以自然為正」之意；「自然」者，郭氏注莊子大義，「若未背乎莊，而實有超乎莊之外者」，故能發莊義之所未及，而「成一家之言」也〔註28〕。

　　或有以子玄之注為不然者，清姚惜抱（鼐）《莊子章義》云：

　　　若郭象之注，昔人推為特會莊生之旨，余觀之，特正始以來所謂清言耳，於周之意，十失其四五。

又方文通（潛）《南華經解》卷首，「書郭象註莊子後」亦云：

　　　夫莊子自謂世沉濁，不可與莊語，而是不是，然不然；郭象乃以曠蕩無歸之說解之，失之何啻千里！

「十失其四、五」「失之何啻千里」云云，或姚、方二氏以桐城之文統──六經語孟始為至文──以觀之者？

　　然則郭氏之注天下篇，其「失」、其「誤」誠亦有可舉例者焉。

　　天下篇曰：「天下之治方術者多矣，皆以其有為不可加矣。」郭注云：

　　　為其所有為，則真為也，為其真為，則無為矣，又何加焉。〔註29〕

按顧實《莊子天下篇講疏》云：「郭注曰：『為其所有為』，是訓『以』為『為』，『有為』二字連讀，皆誤也。宣穎曰：『其有，謂所學』，有字句絕，王先謙諸家從之，是也，皆自以為得古聖王之道，故不可加，而莊生乃從而衡論之。」檢莊書，其與無為反義詞之「有為」，僅一見於田子方篇，文曰：「日改月化，日有所為，而莫見其功。」且不在內篇之中，或非莊生本旨。則顧氏所糾者是也。

　　天下篇曰「天下多得一」，郭注云：

　　　各信其偏見而不能都舉。

又曰：「察焉以自好。」郭注云：

　　　夫聖人統百姓之大情而因為之制，故百姓寄情於所統而自忘其好

〔註28〕參看錢穆氏《莊老通辨》〈郭象莊子注中之自然義〉一文。

〔註29〕郭注「為其所有為」，劉文典《莊子補正》據宋本、趙諫議本、道藏注疏本改作「為以其有為」。唯據上海涵芬樓藏明刊本，上海商務印書館縮印《南華真經十卷》，仍作「為其所有為」，今從之。

惡，故與一世而得淡漠焉，亂則反之，人恣其近好，家用典法，故
國異政，家殊俗。

按清王念孫《讀書雜志》云：「郭象斷『天下多得一』爲句，釋文曰：『得一，
偏得一術』，念孫按『天下多得一察焉以自好』當作一句讀，下文云『天下之人，
各爲其所欲焉以自爲方』，句法正與此同。『一察』，謂察其一端，而不知其全體，
下文云『譬如耳目鼻口，皆有所明，不能相通』，即所謂『一察』也，若以『一』
字上屬爲句，『察』字下屬爲句，則文不成義矣。」意者亦以爲莊書之「一」，
單獨成詞則每指「道」而言，如齊物論篇云「道通爲一」，「唯達者知通爲一」
是；若以「得一」爲斷，則與「皆原於一」無別矣。故郭慶藩《莊子集釋》引
家世父曰：「舊注以天下多得一爲句，誤。」梁啓超、顧實諸氏亦主此說。

　　夫莊生之書「其言宏綽，其旨玄妙，至至之道」（郭象〈莊子序〉），則郭
氏雖有「才理」，注莊亦不免瑜瑕互見，甚者亦有悖莊生之意者，如謂尺鷃大
鵬各任其性，一皆逍遙（注〈逍遙遊〉篇）；此或受魏晉以來清談之風所習染，
乃令向、郭氏浮湛富貴之鄉，致遊心不曠〔註30〕，因生此論？故姚惜抱以爲
郭注「特正始以來所謂清言」者也；惟郭氏之注天下篇「大體眞可謂得莊生
之旨」（陸德明語）矣。故馮友蘭氏《中國哲學史》云：

　　　魏晉時，道家之學盛行，在此時期中，郭象之莊子注，爲一極有價
　　　值之著作。此注不但能引申發揮莊子書中之思想，且亦自有若干新
　　　見解；故此注實乃一獨立的著作，道家哲學中一重要典籍也。

郭子玄以下，疏解或訓詁莊書之有類於義理方面者，猶有陸德明《經典釋文》、
成玄英《南華眞經注疏》，陸氏既「以郭爲主」，成氏雖不免以佛典解莊，究
亦「依子玄所注三十篇，輒爲疏解」（成氏〈莊子序〉），則二人大體不離郭義
可知；至清郭慶藩《莊子集釋》之以郭注成疏及釋文爲主，皆可附於郭注一
系，姑存而不論焉。

（二）王夫之《莊子解・卷三十三》

　　近人葉國慶《莊子研究》一書云：

　　　清王夫之作「莊子解」，空絕依傍，自創新義，亦爲得莊旨者。

又云：

　　　取此與郭注相較，未有遜色。然亦有別者：郭注放乎玄虛，王解詳

────────────

〔註30〕參看錢穆氏《莊老通辨》〈記魏晉玄學三宗〉一文。

於實體：郭注推玄旨以立義，王解多本人事經驗以爲言。

按王夫之《讀通鑑論》亦有「徒爲藻悅之文，而無意天下之略者，後起者，其何徵焉」之說，此莫非夫之以遺民之身，經歷亡國之痛，而遂悟經濟之勝於虛談也？故其解天下篇不務藻悅之虛談，而多自創新義，有意天下經濟之略，而詳於實體與經驗——即體用之說焉。

先述王氏之自創新義。吾人於第二章嘗謂「此篇（天下篇）之主要思想，乃在明乎道術之淵源也，謂道術之淵源出於『一』也」，唯自來對於天下篇「皆原於一」之「一」字，或訓爲「道」（成疏），或名爲「太一」（胡方《莊子辯正》）等等，每步趨子玄之玄旨而說之，而王夫之則解之云：

> 一者，所謂天均也。原於一，則不可分而裂之，乃一以爲原，而其流不能不異，故治方術者，各以其悅者爲是，而必裂矣；然要歸其所自來，則無損益於其一也。一故備，能備者爲群言之統宗，故下歸之於內聖外王之道。

「天均」者何？寓言篇曰：「物固有所然，物固有所可，無物不然，無物不可，非卮言日出，和以天倪，孰得其久？萬物皆種也，以不同形相禪，始卒若環，莫得其論，是謂天均，天均者，天倪也。」又齊物論篇亦曰：「是以聖人和之以是非，而休乎天鈞，是之謂兩行。」釋文云：「（鈞）本又作均。崔云，鈞，陶鈞也。」王先謙《莊子集解》云：「言聖人和通是非，共休息於自然均平之地，物與我各得其所，是兩行也。案寓言篇亦云，『始卒若環，莫得其倫，是謂天均，天均者，天倪也』，此作鈞，用通借字。」

是以「天均」者，既莊子「立言之凡例」（胡遠濬《莊子詮詁》語）而「天鈞」者又爲莊子「達道而因物」（亦胡氏語）之所宗，王夫之卽直探莊意，以「天均」（天鈞）解「一」，發人所未發，所謂自創新義者也。

王夫之又解篇末所以舉惠施以終之之意，云：

> 莊子之在當時，心知諸子之短長，而未與之辯，唯遊梁而遇惠子，與相辯論，故惠子之死，有「臣質已死」之歎，則或因惠子而有內七篇之作，因末述之以見其言之所緣興。

莊子恒主「無言」（寓言篇）顧又惜惠施之才，因而有內七篇之作。此王氏深知莊子自敘其書，實有「不得已」之情，亦可謂王氏之新義者也。

次述王氏「體用」之說。體者，古之所謂道術，卽道之實體，「天均」是已；用者，各家行世之方術，卽各家之人事經驗，「各自爲方」是已。莊子主

張各家同「休乎天鈞」，方術、道術相通，體用合一而已矣。故云：

> 蓋君子所希者聖，聖之執者神，神固合於天均，則即顯即微，即體
> 即用，下至名法、操稽、農桑、畜牧之教，無不有天存焉。

> 乃循其顯者，或略其微，察于微者，又遺其顯，捐體而狗用，則於
> 用皆忘，立體以廢用，則其體不全，析體用而二之，則不知用者即
> 用其體，概體用而一之，則不知體固有待而用始行。

而莊子又自居於「無體之體」乃能「兩行無礙」：

> （莊子）寓體于用，而無體以爲體……蓋亦內聖外王之一端，而不
> 昧其所從來，推崇先聖所修明之道以爲大宗，……特以其散見者，
> 既爲前人之所已言，未嘗統一於天均之環中，故小儒泥而不通，而
> 畸人偏說承之以井飲而相捽，乃自處于無體之體，以該群言，而捐
> 其是非之私，是以卮言日出之論興焉，所以救道于裂。

> 莊子之學初亦沿于老子，而「朝徹」「見獨」以後，寂寞變化，皆通
> 于一，而兩行無礙。

郭子玄謂莊子「通以平意說己」道其然也，而王氏「兩行無礙」又道其所以
然也。蓋王氏之解〈天下〉篇也，常能取內篇與寓言之旨趣，相互闡發，故
每能與莊子精神往來。此其解之所以不遜於郭注者也？

至於《莊子解》之斷「天下多得一」爲句，並注云「得其一偏」，則一仍
郭氏之誤，此則王夫之氏之子王敔所增注者也。

今人錢穆氏著《莊子纂箋》一書，頗嚮往「體尚簡要，辭貴清通」之古
例，其箋解天下篇，除對此篇作者之是否爲莊子，似有依違兩可之態度外〔註
31〕，常能出入各家之說，而成一家之言，誠欲得天下篇義理者之寶筏也。錢
氏書之特點，於黃錦鋐氏〈六十年來的莊子學〉中析之詳矣，茲不贅。

貳、文章方面

從來注解莊書者，自郭象而下，大抵皆以莊子之玄風妙旨爲立言之鵠的。
故相率於義理之注疏；而有關莊子文章之專著，必有待清初之諸家，然後莊子
詞章所以「辭趣華深」者，乃愈見其明也。今且舉康熙年間宣穎《南華經解》，

〔註31〕錢氏於天下篇目下引馬驌曰：「此自序也。」而於篇中「鄒魯之士」下又按曰：
「鄒，孟子生邑。孟莊同時，未見相稱。此篇以鄒魯言儒業，可見其晚出。」，
另於莊周一段，既引王夫之「猶自以爲未盡」之說，並引林雲銘「是訂莊者
所作無疑」之說。

與同治年間劉鳳苞《南華雪心編》二書之說〈天下〉篇者爲例，略述其得失焉。

（一）宣穎《南華經解》卷二十九

宣氏於其《南華經解》一書前有〈莊解小言〉云：

> 然天下一篇，爲全部總跋，洋洋大觀。

又云：

> 莊子之文，長於譬喻，其玄映空明，解脫變化，有水月鏡花之妙，
> 且喻後出喻，喻中設喻，不啻峽雲層起，海市幻生，從來無人及得。

所謂「海市幻生」「水月鏡花」云云，雖說莊子「寓言」之妙，似無與於「莊言」之天下一篇，而宣氏以詞章之眼光解此篇者，亦可揣見，故謂天下一篇「洋洋大觀」也！

宣穎云：

> 墨子已是而偏之教，乃其徒又有若干流派，道術烏得不裂乎？末一
> 轉，甚器許墨子，特品之爲才士，何恰等稱，心地既寬，眼界又大。

前（康熙初）有林雲銘《莊子因》一書亦評天下篇此段云：「墨子一段……層層貶駁。忽於段末，叫轉數語，烟波無盡。」後（嘉慶年間）有張道緒《莊子選》一書評此段云……「揚波作結，跌岩自豪。」皆宣穎「末一轉」之注腳也。

宣穎又云：

> 叙慎到詳，田駢止一句，又學於彭蒙，敘彭蒙又止引其師說，詳略
> 之間，即此見彼也，斷例斬然甚嚴，掉放處又止一句，文法甚逸。

又云：

> 前三段俱於擒斷後用「雖然」一轉掉放，至老子便不用此法，至自
> 家「雖然」一轉，卻又是披出一層之法，即此便是文字變化。

文章詳略之間，剪裁有致，則「文法甚逸」矣，行文婉轉曲折，自然生動，則「文字變化」矣。前三段固皆用「雖然」爲轉，而亦有不同者，清吳峻《莊子解》謂：（墨、禽一段）「見其非聖人之道也，以抑揚作結」，（宋、尹一段）「言亦未能進乎道也，以直敘作結」，（彭、田一段）「所謂得其大略而已，以宕開作結」，至於關老、莊周二段或用「雖」（「可謂至極」或作「雖未至於極」，前已言之）、或用「雖然」爲轉，而一則「言其於道，實有所得也，以贊歎作結」，一則「以實詣作結」（并亦吳峻語）。凡此亦可知其文字之變化也。近人唐君毅氏亦以爲：「天下篇之此文，分別就此等等（按、指唐氏上文天下篇皆有其所以對己、對人、對物……之看法、觀念，以說其所得乎道術之全者、

與所成之德。）以對諸家之學，比對而觀其異同，原文甚明，唯以其行文之搖曳變化，而或為讀者所忽。」〔註32〕唐氏並「分析其文句」頗詳明，則天下篇文字之所以變化者，亦多端矣。

　　然則，天下篇評各家既「每段飄然而起，排數而下，有雲垂海立之勢」（語見清陸樹芝《莊子雪》），而全篇文章復有「其間萬斛波瀾，一望無際」（林雲銘《莊子因》）之態，故宣穎所謂「洋洋大觀」者，誠亦不虛歟？

　　惟宣穎之解天下篇也，雖在標揭莊子文章之妙，是以析詞之際，每用制藝評文之法，而流於空泛，失之河漢矣，如「明於本數，係於末度」下云「本舉而末從也，係字妙。」，如「才士也夫」等句下云：「一轉連贊四句下四『也』字，一『夫』字，津津如不勝口。」皆是。又因所重在文章，故其釋義，亦每與郭子玄歧，如謂「天人」為「第一等人」，「神人」為「第二等人」，「至人」「聖人」「君子」，分別又為「第三等人」「第四等人」及「第五等人」，而郭注於「聖人」以上謂「凡此四名，一人耳，所自言之異」，於「君子」下謂「此四者之粗迹，而賢人君子之所服膺也」，按逍遙遊篇「至人無己，神人無功，聖人無名」，成疏亦云：「至言其體，神言其用，聖言其名，故就體語至，就用語神，就名語聖，其實一也，……一人之上，其有此三，欲顯功用名殊。」又莊子究主「因是」「兩行」（齊物論篇）之人，必不至於其間強分等級？則郭義之較得莊旨者，可以喻矣。故宣穎所謂「不敢阿郭注也」（〈莊解小言〉）者，於此觀之，亦不及郭注而已矣。

（二）劉鳳苞《南華雪心編》卷八

　　劉氏以為天下篇乃「妙文、至文」者，蓋以此篇之文意醇正也，以此篇之段落分明也，又以此篇之文句能奇也。請先論此篇字句之所以奇也。

　　劉氏云：

> 「道術將為天下裂」一句，激起下文，如洞簫微咽，無限聲情，使人悽心動魄。

又云：

> （天下篇「總論」一段）臨尾結出「裂」字，一落千丈，有崩雲裂石之音。

此劉氏之以聲音譬況天下篇文章之一例也。

〔註32〕見唐氏《中國哲學原論原道篇》第二十章，「二，天下篇論道術之規模」，頁600。

考形、義、音三端，乃文字之要素，而聲音之道，厥爲「首要」〔註33〕，有識之士，咸能知之也。故析論文章之事，知自其聲音始，則每能得其「神韻」也。清末阮毓崧《莊子集註》於天下篇「是故內聖外王之道，闇而不明」至「道術將爲天下裂」一節，眉註其用韻云：「『明』『方』隔韻，『明』，古音『芒』；『發』『裂』，遙韻，『發』江方越切，『裂』良薛切。此以『方』應『明』字韻，以『裂』應『發』字韻，亦即詩分應韻例。」按如據此說，則「明」「方」，皆爲「陽」韻，屬段玉裁古韻十部平聲；「發」「裂」，一爲「月」韻，一爲「薛」韻，而同屬段氏古韻十五部入聲；夫天下篇自「天下之治方術者多矣，皆以其有爲不可加矣」，二句「多」與「加」韻而下，以迄「不能相通」「時有所用」「稱神明之容」，三句「通、用、容，平去遙韻」并及「明、方隔韻」，幾乎皆以寬泛而舒展之平聲出之，乃至「鬱而不發」「道術將爲天下裂」，倏忽轉以細碎急促之入聲收之，此劉鳳苞所以有「一落千丈」「使人悽心動魄」之嘆者也？

天下篇除用韻之有致外，（可參看阮氏《莊子集註》）其「連詞」之使用，亦構成「聲音美」〔註34〕之條件也。據徐德庵《莊子連詞今訓》一書，則此篇諸如「謑髁」「椎拍」「輐斷」「魭斷」「謬悠」「荒唐」「連犿」「稠適」以及「駓蕩」等，或爲「雙聲連語」，或爲「疊韻連語」，亦皆有資於〈天下〉篇文字之所以能奇者也。

次論天下篇段落之分明。劉鳳苞云：

> 自起手至此（道術將爲天下裂）爲一篇之大冒。承道術將裂句，詳列諸家以實之。五大段，陡起陡落，陡轉陡結，有排山倒海之奇。每段自首各提明道術，如烏絲界畫，經緯分明，令閱者瞭然在目前也。

天下篇之佈局，果若是條達者乎？則胡文英《莊子獨見》，亦足以相參證也。其言云：「此篇先用『皆原於一』，『古之人其備乎』，『道德不一』，『道術將爲天下裂』數句，立定機局，俯仰哀吟，接手用『其去王也遠矣』，『其行適至是而止』，『概乎皆嘗有聞者也』，『古之博大眞人哉』，洗發『裂』字，抑揚含吐，後用『彼其充實不可以已』，直接『古之人其備』句，⋯⋯末帶出惠施一

〔註33〕錢玄同氏序瑞安林景伊先生《中國聲韻學通論》云：「小學包形、義、音三端，而音爲首要。」

〔註34〕語見《文藝心理學》一書（臺灣開明書店五十二年臺五版）附錄近代實驗美學第三章〈聲音美〉。

段，正與『充實不可以已』相反，通篇一氣貫注，而千巖競秀，萬壑爭奇，
泙湃瀠洄，如入武夷九曲，使人愛玩不盡。」則天下篇不僅形式之層次分明
而已，其間固又有意境之透迤曲折、起伏照應者，由「裂」字而分成數段，
復由「一」字而合為「一氣」，故其勢即有「龍跳虎臥之奇」（劉鳳苞語），而
閱者終亦「瞭然在目前」也。

　　復次，論天下篇文意之所以醇正者。劉氏云：

> 一部南華……詞旨要歸於醇正。開手揭出方術二字，已看得百家之
> 學，浩如煙海，皆囿於一方，而非內聖外王之道，是以決裂而不可
> 為，隨提道術之無所不在者，將神明體用，一氣渾融，歸到一字上，
> 分明是無始無終，徹上徹下工夫。

所謂「歸於醇正」者，蓋「莊子天下一文，乃以內聖外王為基本觀念，亦即
以此為其觀今古學術之地位之觀點」。〔註35〕錢基博《莊子天下篇疏記》云：
「有能明『內聖外王之道』而發之者，道家之關尹、老聃、莊周是也。有闇
不明『內聖外王之道』而鬱不發者，其它諸家是也。」此天下篇「觀點」之
崖略而劉氏之所深知者乎。

　　劉氏既知天下詞旨之醇正，故其釋詞章能美，而說義理亦愜。如說「齊
萬物以為首」句云：

> 蒙、駢、慎到，齊萬物以為首，三人同是一樣本領，與齊物論意境
> 不同。彼是命物之化，而純任天然；此是有意於齊，而不能無物，
> 雖曰道在於是，亦祇見其一偏而已。

近人柳詒徵氏亦以為，「莊子之齊物，自有所謂內聖外王之道在，慎到等惟持
萬物平等之觀，而於原始之道，未有所見也」；〔註36〕故知此齊萬物者，非彼
齊物也。又如說「推而後行」等五句云：

> 看下面「推而後行」五句，均從「宛轉」二字生意，真覺心如轆轤，
> 筆如旋牀，有化工肖物之妙，無非無過無罪，皆由終身無譽。郭註
> 「患生於譽」二語，極為透徹。

則劉氏說義理之洽切者，莫非有得於郭註之妙者？又如說「惠施一段」云：

> 惠施一段，非貶駁惠施，自占地步也。惠施不過以堅白鳴，非若墨
> 翟之徒，各成一家，紛紛決裂，以為大道之憂。

〔註35〕見唐君毅《中國哲學原論原道篇》，頁 597。
〔註36〕見《中國文化史》，頁 366～367。

一般學者評解此段，每「直截從人心之平易處，即人情之實感處，來反對此派之言辨，謂其足以服人之口，不足服人之心」〔註37〕故學者於惠施乃多微詞。惠子之以堅白鳴，雖不成一家，實名辯之徒所共由，莊子第欲借悲惜惠子，以戒世之用名辯者耳。則劉氏之說，蓋與莊生相契者乎？

參、校勘方面

清王鳴盛〈十七史商榷序〉云：「欲讀書必先精校書，校之未精而遽讀，恐讀亦多誤也。」夫天下篇之有異文、訛字、訛音自是不免，訛謬字音固須刊之使正，異文同義則並行無妨（如「六通四辟」、「辟」本又作「闢」。見馬其昶《莊子故》），蓋子部之書，主要校其思想上關鍵字耳〔註38〕。本節乃就此一主題予以論略之。

（一）王叔岷《莊子（天下篇）校釋》

首言王氏校釋之要例：

> 猶百家衆技也　王氏案「元纂圖互注本，世德堂本，『百』並誤『有』，古鈔卷子本『百家』作『百官』，『技』作『伎』，『伎』即『技』之借，《文選・陸士衡演連珠》注引『百家』亦作『百官』」。

按孫毓修《南華眞經札記》固亦錄「有」「百」爲同異之文；然以天下篇此句，前有「百官」「百姓」，後有「百家」例之，則當以「百家」或「百官」爲是。譚戒甫《莊子天下篇校釋》所謂「有家，成玄英改作百家，是也」。

> 曰請欲固置五升之飯足矣　王氏案「御覽八五〇引『曰』作『日』。疏：『置五升之飯，爲一日之食。』疑成本亦作『日』，但此乃莊子稱述宋鈃、尹文之辭，『曰』字不當無，疑曰下原有『日』字，今本脫之耳。林希逸《（莊子）口義》云：『其爲說曰：每日但得五升之飯。』是其明證，御覽所引，蓋脫『曰』字也。

按宋、尹之徒，以活民救世爲其急務，是以一則有「請欲置」，再則有「請欲固置」云云，皆「上說下教」之殷切而著於言行者也。若「曰」下有「日」，則其心之不忘天下也益足以「白」矣。至於梁啓超〈天下篇釋義〉以爲「請欲」當讀「情欲」，謂「情、請二字古通用甚明」；然古書似未有「請欲」與「情欲」通用之例，而論宋、尹此段之中何以前焉連用「請欲」，後焉則獨用

〔註37〕見錢穆氏《中國思想史》，自序頁7。
〔註38〕此意採于師大成「治學方法研究」，上課筆記。

「情欲」，知二者之間，必有辨也？

> 可謂至極　王氏案「古鈔卷子本作『雖未至於極』，審文意，當從之；
> 下文莊子自述其道術，乃以爲至於極也。陳碧虛《（莊子）闕誤》引
> 江南李氏本，文如海本，『可謂』亦並作『雖未』，今本作『可謂』，
> 疑淺人所改。」

按王先謙《莊子集解》亦云：「姚本（按即姚鼐《莊子章義》）『可謂』作『雖
未』，云從李氏本改。」

又按本篇文法，自墨、禽以下三段，皆用「雖然」爲語氣轉折之詞，莊
周一段亦同，而惠施一段或以兼作「結論」之故，敘述方式與諸子稍異，因
無「雖然」一詞；而本篇思想，莊周既「通以平意說己」（予玄語），則說各
家固亦以平意也殆無可疑，所謂「平意」，即視各家或多或少皆不免「以其有
爲不可加」也，皆非得道術之全體純備者，則孰得而「至極」？且老子以爲
「聖人去甚」（見老子二十九章）而莊子亦謂「充實不可以已」，咸知《易》
之所以以「未濟」之卦終之者也，則如何稱「至極」耶？故錢氏《莊子纂箋》
天下篇「可謂至極」句下，亦引王叔岷氏《莊子校釋》之說。

> 武王周公作武　王氏案「古鈔卷子本『作武』下有『樂』字，疑涉
> 上句『文王有辟雍之樂』而衍。」

按《論語‧八佾篇》云：「子謂韶，盡美矣，又盡善也，謂武，盡美矣，未盡
善也。」朱注：「韶，舜樂；武，武王樂。」則「武」爲樂名固甚明，況上句
已有「文王有辟雍之樂」，點出「樂」字，此句本可「避重（複）實不煩增
字也。故釋文「武，樂名」，並未據李、崔增損此句。王氏之疑是也。

次言王氏校釋之可商議者：

> 時有所用　王氏案「古鈔卷子本，『用』上有『不』字，當從之。注：
> 『不得常用』，是郭本原有『不』字；疏：『故時有所廢。』『廢』，
> 即不用也。則今本脫『不』字明矣。」

按「時有所用」若爲否定句，亦可不加「不」字，注者則可依「反訓」之法，
逕予作否定之解釋也，瑞安林先生景伊《訓詁學概要》一書中云：「相反爲訓，
是說一字兼具正反兩面的意義。」〔註39〕并舉莊子徐無鬼「於是乎爲之調瑟，
廢一於堂，廢一於室」之例，以爲「是亦廢訓爲置之證也」；又舉詩四牡篇「王
事靡盬」之例，以爲「盬」「固」同從古聲，「既同有堅固意，而又同有不堅

〔註39〕見林先生該書第六章「訓詁的條例」第二節義訓條例。

固意」。意者，日本高山寺《舊鈔卷子本莊子殘卷》，雖爲「現存來源最早之古本莊子」（王氏語，見所著《莊學管闚》），但其究爲「鈔本」，則鈔寫時，筆誤之事，宜乎難免，或鈔寫者，鈔至「時有所用」之句，以其中有「所不用」之義，竟將鈔者一己之意註諸其中，俾確指其「否定」之義？此亦古籍傳鈔之時，常有之現象也〔註40〕。

（二）陶鴻慶《讀諸子札記》等

（甲）清陶鴻慶《讀諸子札記》云：

> （「察古人之全」）察，猶察察也（原注：見《禮記·鄉飲酒》鄭注）。上文「天下多得一察焉以自好」，王念孫氏《讀書雜志》云「察其一端，而不知其全體」，《道德經》上篇「俗人察察」，王弼注云「分別別析也」，正此察字之義。「察古人之全」者，謂以一得之見，窺古人之全，與上文「判天地之美，析萬物之理」二句，語意一律。

按陶說頗能與莊書一致，蓋莊子書中所用之「察」字，類皆有「觀察」「審察」以至「計較」之義。如在宥篇「天道與人道相去遠矣，不可不察也」，成疏爲「鑒理」；秋水篇「子（指公孫龍）乃規規然，而求之以察，索之以辯，是直用管闚天，用錐指地也」；庚桑楚篇「竊竊乎又何足濟世哉」釋文謂「如字。司馬云，細語也。一云計校之貌，崔本作『察察』」；另有「察乎安危」「察乎盈虛」（見秋水篇）、「審仁義之間，察同異之際」（漁父篇），莫不作「審察」之義，並顯與「際」字分用者也。

故俞樾《諸子平議》以爲「察當讀爲際，一際猶一邊也」，梁啓超是其說（見〈天下篇釋義〉），然二人之詁訓皆不免迂曲而牽強，實未若陶氏之所得也。

陶氏又云：

> （「而至死人之理」）「至」字義不可通，當爲「主」字之誤。「主」

〔註40〕　清陳鱣（阮元門生）《簡莊綴文》卷三〈元本後漢書跋〉有云：「今本鄭康成傳有云『吾家舊貧，不爲父母昆弟所容。』是本無『不』字，俱與唐史承節所撰〈鄭公碑〉合。吾師阮撫使〈山左金石考〉云：『爲父母群弟所容，猶言幸爲親包覆成就，蓋不欲舉親之失如此。自後校書者，因前不樂爲吏，父數怒之，遂疑此書爲父母群弟所容不相合，輒妄加『不』字，踵謬至今，是碑遠勝今本後漢書。』鱣今得見《元本後漢書》，無『不』字，斯可寶也。」（見《中國古籍研究叢刊》，（二）〈中國古籍校讀指導〉頁109～110所引）
又王氏《莊子校釋》附錄亦自謂「唐寫本，不過殘存之十餘篇，自極珍貴，然其中因寫者致誤之例，亦頗不少。」（見校釋下冊「評劉文典《莊子補正》」）

者，言其主其理也。上文論墨道云：「皆願爲之尸。」注「尸者，主也。」論宋鈃、尹文云：「請欲置之以爲主。」下文論關尹、老聃云：「主之以太一。」明此文亦當作「主」。

按「至」爲「主」之誤，雖未舉確據，而其推測亦能合情。查許慎《說文解字》，「主」，篆作𡉉，「至」作𡊃，二字形略肖近，則今天下篇此字，或以與「主」字，形近而訛？（于鬯《莊子校書》亦有「指不至至不絕」，「至至」必是「五五」之誤」之說，則「至」字之易訛書可知。）此句似未有學者及之者，而陶氏發之，是爲貴也。

惟陶氏以「鄰傷」爲「憐傷」，以「其於宗也」爲「其於末也」，皆不如郭象成玄英注疏本之見重於士林也。

（乙）民國劉文典《莊子補正》云：

（「常反人不見觀」）道藏注疏本，白文本，竝作「不聚觀」，與釋文一本合。

按王叔岷氏亦據古鈔卷子本，以爲作「聚」爲是（見其《莊子校釋》卷五）。

又云：

「無藏也，故有餘」，與下句「歸然而有餘」，語意重複。「無藏也，故有餘」，疑是下文「歸然而有餘」之注，細繹疏意，似藏積也，知足守分，散而不積，故有餘，即解「無藏也，故有餘」之誼。疏所以解注，則「無藏也故有餘」六字之爲注益明矣。

按劉說甚是。上文「以有積爲不足」，疏「貪而儲積，心常不足」，「歸然而有餘」，注「獨立自足」，其義互備。

劉氏《莊子補正》又頗措意於郭注之異文，如「天下大亂」郭注云：「用其迹而無統故也。」劉氏據高山寺古鈔本注以爲「統作終」；「道德不一」注「百家穿鑿」。劉氏亦據古鈔本，以爲「穿鑿」作「乖舛」「於義爲長」，此爲《莊子補正》一書之特點。然劉氏往往亦不免「徒事鈔錄，不下斷語」，〔註41〕如「老聃曰，知其雄，守其雌，……爲天下谷」句，劉氏案云：「寓言篇『大白若辱，盛德若不足』，《列子・黃帝篇》同；老子第四十一云……老子第二十八云……。」劉文典氏既引其文，而僅謂之「相對爲文」「對文」云云，實則並未下斷語也。

（丙）于鬯《莊子校書》云：

〔註41〕王叔岷氏《莊子校釋》附錄：「評劉文典《莊子補正》」。

　　（又好學而博不異）以墨子爲好學，似乖其宗旨，疑「又」字爲「不」

　　字之誤，且承上「其道不怒」讀，下作「不好學」，文較從順。

按「以墨子爲好學」，並非乖其宗旨也。《墨子・貴義篇》有「子墨子南遊使
衞，關（扃）中載書甚多」，記墨子欲取法周公旦「朝讀書百篇」，夕見漆十
士」之事，故成玄英云：「墨子又好學博通墳典，己既勤儉，欲物同之也。」
近人熊十力氏亦嘗以墨子爲好學之人〔註42〕。

　　（丁）劉師培《莊子斠補》云：

　　天下篇「不苟與（於）人，不忮於眾」，並文「苟」當作「苛」，下
　　云「君子不爲苛察」，旨與「不苛」適符。彼句釋文云「一本作『苛』」，
　　以彼文「苛」或譌「苟」，知此文「苟」本作「苛」，「苛」「苟」互
　　踦，猶漢律以字從「止句」爲「苛」也。《管子・五輔篇上》，「彌殘
　　苛」，「苛」亦「苛」譌，成疏不達斯恉，因以「無苟且」爲釋，殆
　　與管子尹注同誤者歟？

按劉氏此說，以「苟」者爲「苛」之誤，學者（如章太炎、梁啓超、蔣錫昌
等）皆以爲然，惟劉說讎異同，校舛訛，其言較詳焉。

　　又云：

　　天下篇「惠施不能以此自寧，散於萬物而不厭」，「散」乃「殽」訛，
　　猶淮南「不與物殽」，兩訛「物散」也；「殽於萬物」，誼與不殽相反，
　　齊物論篇云：「樊然殽亂。」釋文云：「郭作散。」郭本「殽」恒譌
　　「散」，斯其明徵。

按莊子全書，「殽」字僅齊物論篇一見，而「散」字有二十二，遍及內、外、
雜各篇之中。故劉氏以莊書一見之「殽」字，郭本訛作「散」字則可，若以
莊書數十見之「散」字（包括天下篇散於萬物之「散」字），恒皆「殽」字譌
來，則洵有未當也。又據蔣錫昌〈天下校釋〉云：

　　此「散」乃對上「一」字而言。此文自作「散」，不作「殽」。上文
　　「散於天下」，與此誼同，可證劉說非是。此言惠施不能以「一」或
　　「道」自安，必散於萬物而不休，其最後所得，乃卒以善辯爲名也。

是「散於萬物」其義殆同「徧爲萬物說，說而不休，多而無已」？則陽篇有
「合異以爲同，散同以爲異」之句，達生篇亦有「散而不反」之句，則莊子

────────────

〔註42〕熊氏《原儒》上卷云：「莊子以好學而博不異許墨，蓋眞知墨子之深於名學，
　　　　其識亦不可及也。」

凡「散」字莫不有「離散」（成疏「散而不反」）之意也。故知蔣說是而劉說非也。

　　歷代重要注家，其所見之天下篇，大焉者就義理方面而觀之，則髣髴已得莊生之玄旨；次焉者就文章方面而觀之，則眈洋之際，似已覩驪龍之珠，見莊生之美；又次焉者就校勘方面而觀之，則若已能復莊生其辭之參差與諔詭者；然而，自輪扁觀之，莊子之書或亦不免「古人之糟魄已夫」之說，則後世之注家更不論矣。故吾人今日欲讀天下篇，既不可不會通諸家之注，以爲津梁，又不可徒泥於諸家之注，而失一己之天機，則庶幾可知莊生此篇之眞意也！

第三節　天下篇與周末、秦漢間各家論列諸子之比較

　　近人吳康氏《莊子衍義》一書云：

> 古籍論諸子學術源流者，本篇（按、即天下篇）而外，尚有《荀子・非十二子》，《韓非子・顯學》，《淮南子・要略》，〈太史公論六家要指〉，《漢書・藝文志・諸子略》（本劉歆《七略》），爲文不一，要其衍義精碻，蓋未有過於本篇者。

有關古籍論諸子學術之各家，吾人已於緒論中言其崖略，今請再取荀子非十二子篇等，或就論諸子之源流，或更就論諸子之態度等，逐一與天下篇詳較之，以證成吳氏所謂「衍義精確」者焉。

壹、天下篇與《荀子・非十二子篇》

　　夫荀子唯「非」是問，且所非者，未必服人；莊子則「因是」。《易・繫辭傳》曰：「一陰一陽之謂道。」若夫所謂批評之道亦須正、反二面備舉，始能平情而不有偏倚也，即所謂「因是」也。

（一）評墨翟、宋鈃

荀子於墨翟、宋鈃，則但非其短云：

> 不知壹天下建國家之權稱，上功用，大儉約而僈差等，曾不足以容辨異，縣君臣。

莊子則既評之曰：

> 爲之大過，已之大順。
> 離於天下，其去王也遠矣。
> 墨翟……之意則是，其行則非也……亂之上也，治之下也。

此墨翟之短於王天下者也；又評之曰：

> 墨子氾愛兼利而非鬪，其道不怒，又好學而博，不異。

> 墨子眞天下之好也，將求之不得也，雖枯槁不舍也，才士也夫。

此墨翟「本質之善」（胡遠濬語）而莊子明之也。莊子於宋鈃亦然，曰「其爲人太多，其自爲太少」者，謂其日夜不休亦有類於墨翟之自苦，曰「以聏合驩，以調海內」者，此謂其心容心行之祈嚮於外王也。

近人馮友蘭氏據墨子之公輸、耕柱、魯問諸篇，以爲墨者爲一「有組織的團體」，「故救宋之舉，能爲有組織的行動，墨子往楚見楚公輸般，其弟子三百人即在宋守城」，又「墨子弟子之出處行動，皆須受墨子之指揮」云云（即天下篇「以巨子爲聖人」之意），其「團體」固非有荀子之所謂「天下國家」之大，而其「權稱」推而求之，亦何患不知天下國家之輕重？宋鈃之說楚、秦二王「將言其不利」（見《孟子·告子下》），雖不免荀子「上功用」之譏，然安知宋子之利與不利者，非「不忘天下」（天下篇）之大利耶？以是知荀子之所「非」者，必有太過者；而學者亦皆知天下篇之可取者也〔註43〕。

（二）評愼到、田駢

荀子又非愼到、田駢云：

> 尚法而無法，下修而好作，上則取聽於上，下則取從於俗，終日言成文典，反紃察之則倜然無所歸宿，不可以經國定分。

莊子雖曰愼到、田駢「其所謂道非道，而所言之韙，不免於非」，而評二人爲「不知道」，然於其不用私智，據法斷決，一切「緣不得已」，其徹底任物之精神，亦未嘗忽略之，其言曰：

> 推而後行，曳而後往，若飄風之還，若羽之旋，若磨石之隧，全而無非，動靜無過，未嘗有罪，是何故？夫無知之物，無建己之患，無用知之累，動靜不離於理，是以終身無譽。

> 故曰，至於若無知之物而已，無用賢聖。夫塊不失道。

按愼子之「無用賢聖」者，其法既立之後之謂也；法既立之後，則私智必棄去之而公義乃立也，其棄之之極致，則如土塊，夫然後，君則可執法而治矣，故愼子云：

〔註43〕今人周富美氏云：「莊子天下篇（評墨子一段）這是對於墨家批評得最完整，最客觀，最中肯的一段文字。」（見台大文史哲學報二十二期〈墨子的實學〉一文）

> 爲人君者，不多聽；據法倚數，以觀得失。無法之言，不聽於耳。
> 無法之勞，不圖於功。無勞之親，不任於官。官不私親，法不遺愛，
> 上下無事，惟法所在（《羣書治要》引《愼子‧君臣篇》）。

「不私親」「不遺愛」即愼子學說之「歸宿」，亦其「經國」之基石。而田駢之政治思想除與愼子同爲尚法之外，又知得眾之重要〔註44〕，其言云：

> （田駢謂齊王）孟賁庶乎患術，而邊境弗患楚魏之王。辭言不說，
> 而境內已修備矣，兵士已修用矣，得之眾也（《呂氏春秋‧用眾篇》）。

「我國政治，遠古以還，即有濃厚的民本思想」〔註45〕故《大學》有「道得眾則得國，失眾則失國」之訓，而田子所謂「得之眾也」云云，寧非「經國」之說乎？故天下篇曰：「概乎皆嘗有聞者也。」是知荀子以二人之一味「貴齊」而非之「不可定分」或可，而非之「不可經國」則不可也。

（三）評惠施

荀子又非惠施云：

> 不法先王，不是禮義，而好治怪說，玩琦辭，甚察而不惠，辯而無
> 用，多事而寡功，不可以爲治綱紀。

莊子縱惜惠施「其道舛駁，其言也不中」，然何嘗不知惠子乃在「用辯論的方法，以期表達他的理想，所以注意到宇宙的全部」〔註46〕者。故天下篇論惠子亦表其「厤物之意」也。

其實，惠施並不僅以言辭爲能者，亦明禮尚義之士也。《呂氏春秋‧不屈篇》云：

> 魏惠王謂惠子曰：「上世之有國，必賢者也，今寡人實不若先生，願
> 得傳國。」惠子辭，王又固請，曰「寡人莫有之國於此者也，而傳
> 之賢者，民之貪爭之心止矣，欲先生以此聽寡人也。」惠子曰：「若
> 王之言，則施不可而聽矣，王固萬乘之主也，以國與人猶尚可；今
> 施布衣也，可以有萬乘之國而辭之，此其止貪之心愈甚也。

惠王「慕禪讓之風」〔註47〕，而惠施守君臣之道，且欲以己身不貪王位之利，以止人民之貪爭，是之謂尚義也。又《戰國策‧魏策》云：

〔註44〕見陳元德著《中國古代哲學史》，頁253。
〔註45〕見柳嶽生著《大學闡微》，頁139。
〔註46〕語見華岡學報三期勞榦氏〈釋莊子天下篇惠施及辯者之言〉一文。
〔註47〕見師大國文研究所集刊第十期〈惠施研究〉一文。

魏惠王死，葬有日矣，天大雨雪，至於牛目，……羣臣多諫太子者，曰：「雪甚如此而喪行，民必甚病之，官費又恐不給，請弛期更日。」太子曰：「爲人子而以民勞與官費用之故，而不行先王之喪，不義也，子勿復言。」羣臣皆不敢言。……惠公（按，即惠施）曰：「昔王季歷葬於楚山之尾，欒水齧其墓，見棺之前和，文王曰：『嘻，先君必欲一見羣臣百姓也夫，故使欒水見之。』於是出而爲之張朝，百姓皆見之，三日而後更葬，此文王之義也。今葬有日矣，而雪甚及牛目，難以行，太子爲及日之故，得毋嫌於欲亟葬乎？願太子更日，先王必欲少留而扶社稷，安黔首也，故使雪甚，因弛期而更爲日，此文王之義也。若此而弗爲，意者羞法文王乎。」太子曰：「甚善，敬弛期更擇日」。

推「扶社稷，安黔首」以爲文王之義，是亦惠施之義也，而惠施之諫太子必以民勞與官費爲念，通權達變以更擇葬日者，則又眞知禮者也，《禮記・曲禮》云：「禮從宜。」其惠施之謂歟？

然則惠施明禮，故愛惜民力與官費；惠施尚義，故忠君而輔政，凡此莫不出於惠施「愛物」之「理想」而已。是以天下篇曰：「氾愛萬物，天地一體也。」而荀子以爲惠施「不是禮義」，並一概視之爲「欺惑愚眾」，異哉！

（四）其他

近人傅孟眞氏〈戰國子家敘錄〉云：

荀子訾孟子、子思以造五行論，然今本孟子、中庸中，全無五行說，《史記・孟子荀卿列傳》中卻有一段，記鄒衍五德終始論最詳（所引原文略），鄒子出于齊，而最得人主尊仰于燕，燕齊風氣，鄒子一身或者是一個表象，鄒子本不是儒家，必戰國晚年他的後學者，託附于當時以顯學儒家以自重，于是謂五行之學創自子思、孟軻，荀子習而不察，遽以歸罪子思、孟軻，遂有「非十二子」中之言。

韋政通氏《荀子與古代哲學》亦云：

綜觀荀子評孟子語，除「略法先王而不知其統」外，其他皆無甚意義。……孟子又不是一默默無聞的小人物，何以荀子竟無一言中其說？〈性惡〉篇本針對孟子性善而發，但細案荀子所傳述孟子意，亦盡屬誤解。（第七章荀子非十二子篇疏解）

傅、韋二氏之說，雖未能有進一步之理論根據，而其疑荀子批評子思、孟子

之正確性，則同也。莊子雖未直接批評子思、孟子，而天下篇「其在詩書禮樂」「內聖外王之道」云云，馬端臨以爲「無異聖賢格言」，〔註48〕則其深知思、孟等儒家言者，足以明之矣。劉師培《國學發微‧序》，固有「詮明舊籍，甄別九流，莊、荀二家尙矣」之說，然而吾人觀上述之比較，則莊子天下篇之所「詮明」者，又愈乎荀子之非十二子篇也。

貳、天下篇與《韓非子‧顯學篇》

韓非子思想，源自荀卿，其〈顯學篇〉之評論諸子，亦承荀卿性惡之觀點，故非但徒見諸子之弊耳，而又加厲焉，致其態度不免近於「慘覈少恩」；而天下篇評論「天下之人」，雖亦疾其「不該不徧」，然不時「悲」「惜」其間，其態度不失「薰然慈仁」也。請略述之。

（一）評論態度之一

《韓非子‧顯學篇》主要係針對儒、墨之學而發。意者，韓非或以爲儒、墨之學一日若蠱之能除，則其餘百家自然失據，從而法術乃獨著於天下矣？故其言云：

> 孔、孟之後，儒分爲八，墨離爲三，取舍相反不同，而皆自謂眞孔、墨，孔、墨不可復生，將誰使定後世之學乎？孔子、墨子俱道堯、舜，而取舍不同，皆自謂眞堯、舜，堯、舜不復生，將誰使定儒、墨之誠乎？……
>
> 故明據先王，必定堯、舜者，非愚則誣也，愚誣之學，雜反之行，明主弗受也。

根之深者其枝繁，源之長者其派富，孔、墨學術思想既足以蔚成「顯學」矣，其分之離之，而自以謂「眞」也，殆亦勢之必然者也；雖復各「取舍不同」未能參驗，然而「天下之言，各有攸當」〔註49〕，豈可一律斷之爲「愚誣之學，雜反之行」乎？韓非之「顯學」，終其篇對各家不外尋摘其失，未嘗有一語贊其是者，則其評論態度，一如其師荀卿之偏激者可知也。反觀天下篇，莊子既知「天下之治方術者多矣，皆以其有爲不可加矣」，對於百家之自以爲是，自以爲至者，則明其所以然，曰：

> 判天地之美，析萬物之理，察古人之全，寡能備於天地之美，稱神

〔註48〕見胡遠濬《莊子詮詁》天下篇引。
〔註49〕見章氏《文史通義》內篇四。

明之容。

又預測其將然曰：

> 悲夫，百家往而不反，必不合矣！後世之學者，不幸不見天地之純，
> 古人之大體，道術將爲天下裂。

則天下篇之評論百家，雖以爲未得道術之全體，而知其「皆有所長，時有所
用」者，自較諸〈顯學篇〉之持論爲平正也。

（二）評論態度之二

至於〈顯學篇〉立論之態度偏頗者，請再舉一例說之。其言云：

> 民智之不可用，猶嬰兒之心也。
>
> 夫求聖通之士者，爲民智之不足師用。昔禹決江濬河，而民聚瓦石；
> 子產開畝樹桑，鄭人謗訾。禹利天下，子產存鄭，皆以受謗。夫民
> 智之不足用，亦明矣。故舉士而求賢智，爲政而期適民，皆亂之端，
> 未可與爲治也。

夫禹之所以能「成厥功」（《書·大序》語），子產之所以「能爲鄭國」（《左傳·
襄公三十一年》）者，固可知其已能先覺民智之並非「嬰兒之心」之類也？蓋
民智之足否師用，當觀諸前後之事實，方有參驗，不可以一時「犯其小苦」
而引起「受謗」現象，遽予武斷也。孟子載禹之事云：

> 禹薦益於天，七年，禹崩，三年之喪畢，益避禹之子於箕山之陰，
> 朝覲訟獄者，不之益而之啓，曰「吾君之子也。」謳歌者，不謳歌
> 益而謳歌啓，曰「吾君之子也。」（〈萬章上〉）

此天下之民感禹之懿德，知啓之賢能，則知民智之非嬰兒之心也；又左傳載
子產之事云：

> （子產）從政一年，輿人誦之，曰：「取我衣冠而褚之，取我田疇而
> 伍之；孰殺子產，吾其與之。」及三年，又誦之，曰：「我有子弟，
> 子產誨之，我有田疇，子產殖之；子產而死，誰其嗣之。」

此鄭國之民感子產之德政，知子產之古直，則知民智之非嬰兒之心也；民智
既非如嬰兒之心，則非一無可用者，明矣。禹必知其然也，故舉皋陶薦之，
且授政焉，以利天下也；子產亦必知其然也，故舉馮簡子、子大叔、公孫揮、
裨諶，且授政焉，以存鄭國也，皆不以民之一時不知悅之，而止其利天下或
存鄭國之心，故終亦得民之心，而「可與爲治也」，此乃「適民」之眞義也；
使民智之不足師用，則曷克臻此？

　　故韓非之說，是不免「以苛察之能，從片面去摘發細民之情」〔註50〕而昧於爲政之大體者乎？

　　反觀天下篇，則正主「爲政而期適民」（前所引〈顯學〉句），天下可以不亂者，故一則曰：

　　　以此教人，恐不愛人。……反天下之心，天下不堪。

再則曰：

　　　是以與眾不適也。（評惠施）

此蓋以天下爲人之適與不適，爲學術評價標準之謂也；而莊子不以天下之人爲無知，「先王善與民爲一體」（《管子·君臣篇》）者，亦明矣！

　　又韓非或由於「爲人口吃」（見《史記·老子韓非列傳》）之故，篇中乃頗以言辯爲不然，遂舉「魏任孟卯之辯，而有華下之患，趙任馬服之辯，而有長平之禍」以爲皆「任辯之失」，然而，魯仲連（約西元前 305～245 年）義不帝秦，亦有排難解紛，折衝安危之得者，韓非（約西元前280～233 年）寧不知之？天下篇則雖亦反對辯者之徒能勝人口，第又主張使用能服人心之三言——厄言、重言、寓言，因於墨子之有才，宋尹之說教，與夫惠施之善辯，莫不微寄其意焉。

　　至於天下篇「通以平意說己」者，此固〈非十二子〉篇，〈顯學〉篇所無有之特點也。

參、天下篇與《淮南子·要略篇》

　　要略一篇乃淮南子「全書的自序」（胡適《淮南王書（手稿影印本）·序》語），係就淮南子各篇「略數其要，明其所指」，又就各家學術「序其微妙，論其大體」（以上引語見高誘注）者；雖然，要略僅及各家學術之發生，且未述其異同，未評其長短；若夫天下篇則備焉。

（一）詳略有別

　　要略篇言各家學術大約循以下之句型——「某時某因，而有某種學術生焉」，推劉安之意是以爲各家學術，皆起於救世之弊也。要略篇云：

　　　文王之時，紂爲天子，賦斂無度，殺戮無止；康梁沈湎，宮中成市。
　　　作爲炮烙之刑，刳諫者，剔孕婦，天下同心而苦之。文王四世纍善，
　　　修德行義，處岐周之間，地方不過百里，天下二垂歸之。文王欲以

〔註50〕語見熊十力氏《韓非子評論》，頁77。

　　卑弱制強暴，以爲天下去殘除賊，而成王道，故太公之謀生焉。

此謂有殷周之爭，而太公之謀生也。此下要略篇又略言有周公之遺訓，而儒者之學生焉；有孔子之禮文過於煩擾，厚葬靡財貧民，久服喪生害事，而墨子之教生焉；有齊國之地勢，桓公之霸業，而管仲之書生焉；有景公之弊政，而晏子之諫生焉；有戰國之紛爭，而縱橫修短之術生焉；有韓國「新故相反，前後相繆」之法令，而申子刑名之書生焉；以及有秦孝公之圖強，而商鞅之法生焉〔註51〕云云，此其柢也。則劉安要略篇之重在學術發生，所謂「生焉」者可知也；然而其於諸家，未能進而予以批評，故諸家之瑜瑕終難鑒焉。此與荀、韓之刻意尋訾其弊端者，適爲「過與不及」之例也。至天下篇於諸家則先敘其所悅之道術，次敘學說之大旨，且列其良窳之眞相於其間，各家流別，可得而明，而古人之道術，天下之方術則該備於斯矣。是故《淮南子・要略篇》之與《莊子・天下篇》，其述學術之詳略亦可知矣。

（二）動機相異

　　《淮南子・要略篇》除略數其書二十篇之要者外，所以重在學術發生之一事者，其動機何在乎？吾人毋寧說其爲學術之目的者少，其爲政治之野心者多也。《史記・淮南衡山列傳》云：

　　　　淮南王安……欲以行陰德，拊循百姓，流譽天下，……陰結賓客……
　　　　爲叛逆事。

或劉安「爲叛逆事」，乃必須先描述出一理想之藍圖如文、景之治者以爲張本，此則《淮南子》二十篇所言者，是也〔註52〕；而〈要略〉篇尙論學說之所由來，所舉諸家又頗隱指文、景間之黃老申商刑名者，其故亦可得而知也。梁啓超《諸子考釋》云：

　　　　（要略篇）其所列舉諸家，若太公，若管仲，若晏子，若申子，若
　　　　商君，皆非以治道術爲職志；今所傳諸書，率皆戰國末年人依託（看
　　　　〈漢書藝文志考釋〉管晏諸書條下），果著書專爲救時之弊，然則諸
　　　　書之出，略同一時代，則亦同一弊而已，而流派各異，何以稱焉？

按劉安其措意所在，既非純爲學術，則要略篇所列諸書之同屬一時，同爲一弊，卻見流派各異者，吾人知其良有以也，亦何足怪焉？

〔註51〕以上參看蔣伯潛《諸子與理學》，頁15〜16。
〔註52〕此說參看戴君仁氏〈雜家與淮南子〉一文淮南子與時代背景一節。載幼獅學
　　　　誌七卷三期，收入于、陳二師所主編之《淮南子論文集》第一篇。

天下篇則不然，莊子雖嘗爲蒙漆園吏，其後則決意「終身不仕」（史記‧
老子韓非列傳）故以「竟內累」比神龜之「留骨而貴」，以相位譬「腐鼠」（秋
水篇），則其人所以「獨與天地精神往來」之高志遠行，昭昭可鑑也，而天下
篇之因「悲夫道術將爲天下裂」而作者，其理亦可明也。

故吾人於天下篇之與要略篇，夷考其論述之詳略與動機之差異，其相去
有如是者，則二篇之評價亦有殊也。蔣伯潛《諸子與理學》一書，論及諸子
派別時所云者是也：

> 他（劉安）的作意，只在以此作陪，來反襯出自己的書之所以可貴，
> 在能「通古今之事」，「合三五之變」，可以「統天下，理萬物，應變
> 化，通殊類」「而不與世推移」，而且並未把諸子之學的短長批評論
> 述，所以價值也不能超過《莊子‧天下篇》。

肆、天下篇與司馬談〈論六家要指〉

《史記‧太史公自序》云：「太史公仕於建元元封之間，愍學者之不達其
意而師悖，乃論六家之要指。」此司馬談〈論六家要指〉一文之所爲作也。
司馬談之此論，梁啓超以爲能「隱括一時代學術之全部而綜合分析之，用科
學的分類法，釐爲若干派，而比較評騭」，則是也；而以爲「以此隱括先秦思
想界之流別，大概可以包攝」（見《諸子考釋》），意者則以爲恐有未密也？蓋
司馬談與劉安同時〔註53〕，其論述之動機與劉安固大有逕庭，而其論述所指
陳之實際背景，則頗見大抵相同者，殆亦有迹可尋也。故吾人欲求其完全爲
「先秦思想界之流別」，則司馬談之論六家又非天下篇之倫矣。

請即針對此一問題予以論說之。

〈論六家要指〉所指陳之實際時代，爲漢之文、景以後者，可得徵乎？
曰，請先舉文帝之一例。《史記‧孝文本紀》云：

> 孝文帝嘗欲作露臺，召匠計之，直百金。上曰：「百金中民十家之產，
> 吾奉先帝宮室，常恐羞之，何以臺爲！」上常衣綈衣，所幸慎夫人，
> 令衣不得曳地，幃帳不得文繡，以示敦朴，爲天下先。治霸陵皆以
> 瓦器，不得以金、銀、銅、錫爲飾，不治墳，欲爲省，毋煩民。
> 後帝崩……遺詔曰：「……厚葬以破業，重服以傷生，吾甚不取。……」

〔註53〕司馬談仕於漢武帝建元、元封之間（西元前140～106年），而劉安於建元二
年（西元前139年）嘗入朝。見史記卷一百十八〈淮南衡山列傳〉。

此所以司馬談有「墨者儉而難遵，是以其事不可徧循；然其強本節用，不可廢」之說也。

　　其餘所論各家，亦對漢代政治多所影射。故近人李長之云：

　　　　西漢本來是盛行黃老的，文帝和景帝之際，尤其是能運用黃老的精義的時代。能爲這個時代留一個精神上的寫照的，當推司馬談這篇重要文獻（按、即〈論六家要指〉）了。這篇文章，也決不是一篇純粹的學術論文，其中有很中肯的對當代政治的批評在。一般神神道道的今文學家，就是他指的陰陽，一般瑣瑣碎碎的定朝儀的經生，就是他所謂的儒，那像晁錯主張削弱諸侯力量的人，就正是他所指的申商名法之學。

　　　　他眼見那些實際上的得失，又看到漢武帝慢慢失掉了文、景時代對於黃老精神的運用，政治上實已快走入窒礙不通之地了，所以纔寫了這篇重要政論。司馬遷說他父親作這文的動機是「愍學者之不達其意而師悖」，正可見有一番苦心在內的。〔註54〕

司馬氏自「世典周史」（《史記‧太史公自序》）以降，迄於司馬談之爲漢之太史公，則其所見先秦諸子之遺筴必多〔註55〕，其〈論六家要指〉，自可多方取資焉；然而司馬談知所「愍」者，固在「那些實際上的得失」，即「對當代政治的批評」上也。當代之政治既誠有上述李氏所闡釋之狀況（大約皆可就史記文、景、武帝三本紀或晁錯、董仲舒等本傳覆按之），故司馬談乃欲借先秦各家「所務爲治」之理論，而論述當代政治學術之所失者，此當爲司馬談之意其根本所在乎？觀司馬談以陰陽一家列爲論首，而又過分崇揚道家〔註56〕，則思過半矣。

〔註54〕見《司馬遷之人格與風格》一書頁34～35。

〔註55〕近人陳登元以爲秦焚書不及公家收藏，其言云：「蓋李斯所擬焚之書，博士官所職，固不在內。」並引鄭樵、朱熹等人之說以推。見〈秦始皇評〉一文（金陵學報第一卷第二期）。

〔註56〕顧頡剛《漢代學術史略》云：「漢代人的思想的骨幹，是陰陽五行。無論在宗教上，在政治上，在學術上，沒有不用這套方式的。」又據戴君仁氏〈雜家與淮南子〉一文云：「司馬談所描寫的道家思想，很符合於漢文、景二帝所施用的治術。我們可以說司馬談所寫的道家，是根據實際政治的思想背景來敘述的，而不見得是根據前代的老、莊之學。因爲他的話裏，刑名之學的意味很重。」

近人苗可秀以爲「司馬談之論列六家，蓋本於《淮南子‧要略》」〔註57〕，茲具體而言之，則師法淮南「以古論今」之意而已？故梁啓超氏又謂此篇「不能如莊子天下篇之直湊淵微」，不亦宜乎。

伍、天下篇與《漢書‧藝文志‧諸子略》

班固雖自言其〈藝文志〉乃就劉歆〈七略〉，「刪其要」而成者；然其取捨之間，敍列之際，當不無其一己之所見存焉，故其崇儒，猶司馬談之崇道德也，此其一；其所謂九流十家，蓋出於王官者，亦猶劉安之以時弊論諸子也，此其二。其評論之立場，其敍各家淵源，皆不若莊子天下篇之超然與中肯也。

（一）評論之立場

班志首述「昔仲尼沒而微言絕，七十子喪而大義乖」；又略謂「儒家者流，蓋出於司徒之官，……於道最爲高」，按班氏之意，或以司徒乃各家學術之所從出〔註58〕，而儒家者，百家之總匯也，故「於道最爲高」？此蓋由光武中興，愛好經術，於時儒術特盛，六經益尊，而班氏本世傳儒術，又受時會之潛移，故置六藝略爲首，並叙錄九流，列儒家爲第一〔註59〕。

既有成心，是以班氏之述十家也，似有持儒家孔子之說以爲論之衡者，如「名家者流」：

> 孔子曰：「必也正名乎！名不正則言不順，言不順則事不成。」此其所長也。……

如「縱橫家者流」：

> 孔子曰：「誦詩三百，使於四方，不能專對，雖多亦奚以爲？」又曰：
> 「使乎，使乎！」言其當權事制宜，受命而不受辭，此其所長也。……

如「農家者流」：

> 孔子曰：「所重民食」，此其所長也。……

〔註57〕 見苗氏〈班、馬論敍諸子流別次第各異說〉一文，載「東北叢刊」第十二期。
〔註58〕 《周禮‧大司徒》以土圭之法測日景之長短朝夕，以辨寒暑陰風，此陰陽家之學也；以保息六養萬民，以鄉八法糾萬民，此法家之學也；以儀辨等，使民不越，此名家之學也；祀五帝先王，羞牛牲，蓋其肆，此墨家之學也；以土宜之法，辨十有二十一之名物，以相民宅而知其利害，以阜人民，以蕃鳥獸，以毓草木，以任土事，此農家之學也；三年則大比，會萬民之卒伍而用之，大軍旅則稽萬民，此兵家之學也。
〔註59〕 以上參看苗可秀〈班、馬論敍諸子流別次第各異說〉一文。

又如「小說家者流」：

> 孔子曰：「雖小道，必有可觀者焉，致遠恐泥，是以君子弗爲也。」
> 然亦弗滅也。……

其他各家雖未明引孔子之言，如謂道家者流之「兼棄仁義」，陰陽家者流之「舍人事而任鬼神」，法家者流之「無教化，去仁愛」，墨家者流之「推兼愛之意，而不知別親疏」等，皆不免以孔孟「仁義」之說，「親親」之意以爲觀此九流十家之得失者，而不知天下學術固非一家之所能該盡，亦非一家之悉可詮釋也！故班氏云爾，「必不足以概九流之說」〔註60〕也。

　　天下篇論述各家，有時亦加以批評，然皆直引原說，表其眞相爲止；蓋莊子以爲所謂道術既「無乎不在」，則各家皆能得道術之一部分，雖「譬如耳目鼻口，皆有所明，不能相通」，亦但任其自爾，絕不依恃某家之權威，以爲論述之定準；故說人說己，乃堪謂之「通以平意」（郭子玄語）也。

（二）敍各家淵源

　　〈諸子略〉敍九流十家之淵源，皆謂「某家者流，蓋出於某某之官」（惟墨家出於清廟之守），故後世學者乃相沿而有諸子出於「王官」之說；惟民國以來，更因此而有諸子不出於王官之辨。

　　先略述反對出於王官之主張。胡適氏有〈諸子不出於王官論〉一文（見《古史辨》第四冊），其大意云：

> 第一，劉歆以前之論周末諸子學派者，皆無此說也。《淮南子·要略》
> 以爲諸子之學皆起於救世之弊，應時而興，皆本於世變之所急，其
> 說最近理，即此一說已足摧破九流出於王官之陋說矣。
> 第二，九流無出於王官之理也。其最謬者，莫如以墨家爲出於清廟
> 之守。
> 第三，（漢書）藝文志所分九流，乃漢儒陋說，未得諸家派別之實也。
> 其最謬者莫如論名家。古無名家之名也，諸子各有名學，故名家不
> 成一家之言。

其次述維護出於王官之主張。請舉近人繆鳳林氏〈評胡氏諸子不出於王官論〉一文（見學衡第四期）爲代表，其大意云：

> 劉歆以前之論周末諸子學派者，其兼論源流者，則以莊子天下篇爲

〔註60〕語見夏佑曾《中國古代史》，頁 175。

最詳，吾人苟取天下篇一讀，則適足以證劉班之說。

墨家出於清廟之守，適有證據。《呂氏春秋‧當染篇》「魯惠公使宰讓請郊廟之禮於天下，桓王使史角往，惠公止之，其後在於魯，墨子學焉。」

名與邏輯本非一致，即可知名家確有成立之理，莊子、荀子之論名家諸子，亦皆與他子分論。儒、墨之言名，乃旁及而非專攻，鄧析輩則專攻名家之學。

按胡適之意，以為九流無一出於王官，雖自有其根據；其析論卻不免病於「不周延」，如以「邏輯」稱「名」，固可認為乃各家之名學，然無以排除彼時別有一種超乎諸家名學之「名學」存在之可能性也，蓋諸家但以名學為論理之資助，而名家專以名學為研究之本體，自必有其特殊之學術系統，「確是需要相當名理及數學的基礎的」〔註61〕即先秦名家若「其實從墨學變來」（語見錢穆氏《中國思想史》頁 55）自不妨害其以附庸成大國而與諸家相抗，終為先秦「顯學」也。胡氏又不免病於「昧遠流」，如過分強調「世變時勢」者或以「出於王官」，前無所據也，然而吾人豈能必定班固不格於撰史之體例，而遂將各家出於王官之詳情「刪」去，而存其所「要」？果爾，此或班氏既以〈藝文志〉當以其典籍之誌錄為主，而《漢書》又屬「斷代」之例，自不宜費褚墨於古之源流之敘述也；惜〈七略〉已佚，較審其原目不可得矣。惟胡氏之疑墨家不出清廟小官者，亦不無其理也，蓋「清廟之守」者，主祭祀鬼神之官也，墨子雖亦有「明鬼」「天志」之說，然而「墨學所標綱領，雖有十條，其實只從一個根本觀念出來，就是兼愛。孟子說『墨子兼愛，摩頂放踵利天下為之』，這兩句話實可以包括全部墨子。『天志』『明鬼』是借宗教的迷信來推行兼愛主義」〔註62〕，史記亦僅謂墨翟「善守禦，為節用」，則以墨家根本之重人事，其非出於清廟之守可知也。

至繆鳳林之意，則乃以為九流無一不出於王官。所云「莊子、荀子之論名家諸子，亦皆與他子分論」，可謂善於深思而能發皇闡微者也。然而舉《呂氏春秋‧當染篇》，以之為墨家出於清廟之守，似有未當也？蓋同篇又有「孔子學於老聃、孟蘇、夔靖叔」之文，注云「三人皆體道者，亦染孔子。」雖孟、夔二人他書未見（梁玉繩語），想亦與老聃同屬道家者流（〈當

〔註61〕語見勞榦〈釋莊子天下篇惠施及辯者之言〉。
〔註62〕語見梁啓超《墨子學案》一書第二章墨學之根本觀念──兼愛。

染〉篇所舉人物大約以類相次），則諸子略何不亦作「儒家者流，蓋出於史官」（老聃嘗爲柱下史）？故尋繹該篇言「墨子學焉」之意，不外與之說明墨子之「所染當」而已，非謂墨家即自此出也。繆氏又謂天下篇「適足以證劉、班之說」，實則莊子但謂諸子之學出於「古之道術」，所謂古之道術，何必皆古之官守？

是故，餘杭章太炎先生既於其所著《國故論衡‧原學篇》云：

> 九流皆出於王官，及其發舒，王官所不能與官人守要，而九流究宣，其義是以滋長。

又於〈諸子學略說〉云：

> 〈藝文志〉所稱某家者流出於某官，多推想之辭。

然則章氏實於「是否出王官」，未有定論者乎？

蔣伯潛《諸子與理學》乃有折衷之說，云：

> 平心而論，漢志所說某家出於某官，固未免太牽強，太著痕跡（如謂小說家出於稗官，顏師古注「稗官即小官」，蓋無從牽合，而又以小說家爲小道，故漫云出於稗官耳），但也不能一筆抹殺，謂古代王官定無學術可言。

梁啓超氏《諸子考釋》亦云：

> 分諸子爲九流十家，不過目錄學一種利便，後之學者，推挹太過，或以爲中壘（劉向曾任中壘校尉）洞悉學術淵源，其所分類，悉含妙諦而衷於倫脊，此目論也。
>
> 惟然，故研究漢志，最要注意者，在其書目而已，其每家之結論——「某家者流，蓋出於某某之官」以下，殊不必重視，蓋其分類本非有合理的標準。……其批評各家長短得失，率多浮光掠影語，遠不如司馬談之有斷制，更無論《莊子‧天下篇》、《荀子‧解蔽篇》也。其述各派淵源所自，尤屬穿鑿附會，……但斷不容武斷某派爲必出於某官，最多只能如莊生所說「古之道術有在於是者，某人聞其風而悅之」云爾，志所云云，實強作解事也。

梁任公以爲〈諸子略〉述各派淵源所自「尤屬穿鑿附會」者，若謂其中數家則可，若謂十家全部如是，則未免太過？衡量上述諸人之說，則蔣氏「不能一筆抹殺」之態度，較爲平情也。莊子天下篇曰：

> 古之所謂道術者，果惡乎在？曰無乎不在，……百官以此相齒……

其明而在數度者，舊法世傳之史，尚多有之。其在詩、書、禮、樂
者，鄒魯之士，縉紳先生多能明之。

此古代學在王官，而史爲學府之證（此從蔣氏之說）。「鄒魯之士」云云所指
若爲「儒業」（錢氏纂箋語），則是儒家之出於王官也。天下篇又曰：

墨子稱道曰「昔者禹之湮洪水，決江河，……親自操橐耜而九雜天
下之川，腓無胈，脛無毛，沐甚雨，櫛疾風，置萬國。禹大聖也，
而形勞天下也如此。」……曰「不能如此，非禹之道也，不足謂墨。」

此以能否「形勞」而行禹之道，爲足不足謂墨之「繩墨」，則墨家宜出古之帝
禹，故《列子‧楊朱篇》以禹、墨並稱也（此從謝无量說）。天下篇又曰：

彭蒙之師曰：「古之道人，至於莫之是，莫之非而已。其風窢然，惡
可而言。」

此「古之道人」者，蓋指黃老而言，「其風」，即「聞其風而悅之」之「其風」
也。謂古之道人任物自然，而不容私，故莫之是，莫之非，其德至此而已，
其風藐遠曠寂，何可言傳也（以上從蔣錫昌〈天下校釋〉與顧實《莊子天下
篇講疏》）？則彭蒙等諸子所悅聞之古之道術，又得諸「古之道人」矣。

誠如梁任公所言，「生百世之後而欲研治先秦道術之遺文……則其燦然之
迹固未有能逾本志（藝文志）者」，「目錄之學，未之能先也」；《漢書‧藝文
志》原本自有其學術上之貢獻，然由其評論各家立場之有所偏倚，敘各家淵
源之不盡合理，故其〈諸子略〉思想上之純正性，固非莊子天下篇之匹儔也。

雖然，有關莊子天下篇之敘諸子淵源也，尚有一事須附說於此者，即「道
術」與「方術」之辨也。按天下篇蓋以古之人其備者爲「道術」，道術裂以後，
皆將爲「方術」矣，然墨、禽等諸子，或僅得道術之偏曲（胡文英以墨、禽
所悅聞者，「此種道術已屬不正」。語見其《莊子獨見》），或甚至不知道（天
下篇評彭蒙、田駢、愼到「不知道」），何以莊子不逕呼之爲「方術」，所謂「天
下之治方術者」，而尚且以悅「古之道術」者名之？清王闓運云：「（諸子）但
聞其風，未見其行，故悅之或失本旨。」是也，夫莊子本有任諸子自爾之意，
故彼自以爲「不可加矣」，則任其不可加，彼自以爲所治爲「道術」，則仍呼
之爲道術，惟言下之意，又不免感慨系之，以爲諸子徒悅古之道術，而不行
古之道術，致文前有「悲夫」之伏筆，用表諸子未得道術之大體，此下數節
敘述又有「徒悅耳」之相互呼應，以示諸子之未行道術之純美者，幸其一旦
能行之，否則道術將裂也。

　　至於莊周自己所悅聞之道術亦然。陸樹芝云：「語道術，則己亦非其倫，語方術，則己實居其至；此莊子之所以自處也。」莊子敘一己學術於道術將裂之際，厠其書於諸子之間，亦未嘗以既悅聞古之道術，又悅行古之道術自高。是以莊子評論人物，但知任其自爾，一如「天」道之無爲，故始能「通以平意」說之，又實非無人之情（〈德充符〉），故始能生「悲夫」之歎，不願遽名之爲「方術」，則荀子所謂「莊子蔽於天而不知人」者，似不足以「非」天下篇之論諸子也！

　　然則，莊子論諸子之所以異乎此後學者如荀、韓等人者，則吾人自天下篇「方術」與「道術」之辨之一端，固可得其旁徵；而自來說莊之人，所以不能與莊子心遊者，清陸樹芝謂「只因看此篇（天下篇）不明，故于南華大旨茫然」〔註 63〕也，吾人亦謂歷來注家所見天下篇，每有「是其所非，而非其所是」之爭者，亦只因不明莊子評論之態度果惡乎在，故如義理方面或疑莊子「毀人自譽」（林雲銘《莊子因》）者有之，甚而因之刪奪其中關、老與莊周二段文字（張之純《莊子菁華錄》）者，亦有之。且夫由於莊子評論精神之崇法自然（「以明」之意），吾人對於天下篇立論之所自，分析莊子其學要本歸於老聃（老氏道法自然），而非他人者，亦可從此略得其消息矣。

〔註63〕見《莊子雪》。今《莊子集成續編》輯有清嘉慶四年刊景本。

第四章 天下篇對後世學術思想之影響

　　夫莊子「其書雖瓌瑋，而連犿無傷也，其辭雖參差，而諔詭可觀」，故其學說之影響於後世者，乃顯而易見也。如漢初《淮南子》一書，其二十篇之淵源固在「考驗乎老、莊之術」（見《淮南子・要略》），但按其內容，引申莊書者甚夥，「在思想體系上，仍是莊子派之繼承者」，因之，「後人研習莊子，以淮南為輔，則莊書之瞭解，必能事半功倍」，此則今人周駿富氏既已論之精矣（見其〈淮南子與莊子之關係〉一文）；又如魏何晏、王弼以莊學注儒書（何氏有《論語集解》，王氏有《易注》），唐時，莊學侵入佛典，宋時理學每亦取意於莊子（周敦頤說「太極」，程明道論「定性」，呂晉伯言「心齋」是），此則葉國慶氏亦既析之詳矣（見其《莊子研究》第十「莊子學說對於後代的影響」）。今者，請特就天下一篇所謂「內聖外王之道」其觀念之形成，與夫天下篇對若干謬誤之澄清等，論述其梗概焉。

第一節　「內聖外王」觀念之形成

　　梁任公云：

> 「內聖外王之道」一語，包舉中國學術之全部。……其旨歸在於內
> 足以資修養，而外足以經世。（見〈天下篇釋義〉）

一語而能包舉，則其觀念之影響於中國學術思想界者，可以概見矣。請先論其含義之該遍，再及其流衍之長遠。

壹、「內聖外王之道」釋義

天下篇「是故內聖外王之道，闇而不明，鬱而不發」一句，郭子玄注云「全人難遇故也」，是以「古之人其備」者爲「內聖外王之道」也；成玄英疏云，「玄聖素王，內也，飛龍九五，外也」，是以《易》所謂「聖人作而萬物覩」〔註1〕爲「內聖外王之道」也。自是而後，注釋此一句之學者，亦類皆沿郭、成二氏之簡約，每但示其然，而未明其所以然，則又不免語焉不詳矣，如元馬端臨之以「六籍」爲「內聖外王之道」（見馬其昶《莊子故》所引），明陸西星之以「聖有所生，聖即內聖之德也，王有所成，王即外王之業也」（見《南華副墨》），等是，乃或至於隻字未加注釋，如明焦竑《莊子翼》，清胡方《莊子辯正》，民國張栩《莊子釋義》等是。然而「內聖外王之道」固天下篇之「基本觀念」〔註2〕，亦莊子書之「大觀」也，豈可坐令其義「闇鬱而不發」哉！

（一）「內聖外王之道」在天下篇中之含義

簡言之，「內聖外王之道」，即「古之所謂道術」而「無乎不在」者也。故顧實氏《莊子天下篇講疏》略云：

> 「不離於宗，謂之天人」，此內聖之第一道術也。
> 「不離於精，謂之神人」，此內聖之第二道術也。
> 「不離於眞，謂之至人」，此內聖之第三道術也。
> 「以天爲宗，以德爲本，以道爲門，兆於變化，謂之聖人」，此內聖之第四道術也。

又云：

> 「以仁爲恩，以義爲理，以禮爲行，以樂爲和，薰然仁慈（按顧氏本作「仁慈」，一般則作「慈仁」），謂之君子」，此外王之第一道術也。
> 「以法爲分，以名爲表，以參爲驗，以稽爲決，其數一二三四是也。百官以此相齒。」此外王之第二道術，以齒百官者也。
> 「以事爲常，以衣食爲主，蕃息畜藏；老弱孤寡爲意，皆有以養；民之理也。」此外王之第三道術，以理萬民者也。

所謂「第一道術」、「第二道術」云云，蓋「全人」者一人之內聖與外王之德業，隨其功用之不同，「所自言之異」（郭子玄語）耳，「所自言之異」，故見道術無乎不在也，皆所謂「內聖外王之道」也。

〔註1〕見《周易・乾卦文言》孔子釋九五象辭。
〔註2〕見唐君毅《中國哲學原論原道篇》，頁597。

　　至於天下大亂，道術流弊之後，諸子百家乃各自馳騖方術，則內聖外王之道又果惡乎在哉？曰，雖亦無乎不在，然而各私所見，咸率己情，遂不免偏失焉。唐君毅氏《中國哲學原論原道篇》析之詳矣，其言云：

　　　　墨翟、禽滑釐，能求利天下，以澤及百姓，而其對己之道大觳，則有外王，而全無內聖。

　　　　宋鈃、尹文，略有自為之內聖工夫，以自白其心，乃為人、為天下太多，而自為之內聖工夫不足。

　　　　慎到、田駢、彭蒙，能自棄知去己，則內聖工夫更多。然慎到等外王之學，只任勢，則無為人之功；棄知去己，至于同無知之物，則亦內無所有；笑天下之賢聖，而亦不能為賢聖。此則其道在外王與內聖之間，又左右失據，二者兼非者也。

　　　　至于老子則能與神明居，以為真人，亦知「以本為精」之義，能上希於「不離于精」之神人矣，然又尚未能如莊子之「與天地精神相往來」，直至神人之境，更能「于宗」求「調適上遂」也。然上遂于宗，尚未必即已「不離于宗」，而為天人也。

　　　　則此百家所達之境，下則只如墨子之外王之學，能澤及百姓，而其道又太觳，尚未至於「和天下」者，上則老子為真人，而非神人，莊子上遂于宗，而未必不離于宗，亦即未必已成天人。縱已是天人，亦尚未能至于「以天為宗，以德為本，以道為門」，以上通內通于天人、神人、至人之境，更「兆于變化」，以下通外通于君子、百官之學之「聖人」，以兼備內聖外王之學者也。則百家之學，皆同不免于「得一察焉以自好」，為「不該不徧」之「一曲之士」，「以判天地之美，析萬物之理」，而只各得其一端，而非能「和天下、育萬物」，以如古人之全備天地之美，而與「神明之容」相稱者也。（校訂版頁64～65）。

諸子或「有外王而無內聖」或「左右失據，二者兼非」，皆不能有如「古人之全備天地之美」者，即所謂「內聖外王之道，闇而不明，鬱而不發」也。

　　莊子論古之道術既以「內聖外王」一如顧氏所言矣，評今之方術，亦以「內聖外王」且如唐氏所云矣，然則「內聖外王之道」所以為天下篇之「基本觀念」者，明已。

（二）「內聖外王之道」在莊子書中之含義

　　明釋德清嘗謂「莊子之學，以內聖外王為體用」，近人錢基博氏於《讀莊

子天下篇疏記》乃以爲「『內聖外王之道』莊子之所以自名其學」，錢氏並細釋其意云：

> 「內聖」得其自在；「外王」蘄於平等，維綱所寄，其唯逍遙遊、齊物論二篇。

> 體任性眞，故自由而在我；逍遙之指也。理絕名言，故平等而咸適；齊物論之指也。

> 綜莊子書三十三篇，其大指以爲：俯仰乎天地之間，逍遙乎自得之場，固養生之主也。然人間世情僞萬端，而與接爲構，日以心鬪；唯無心而不用者，爲能放乎逍遙而得其自在也。夫唯逍遙之至者，爲能遊心乎德之和，不係累於形骸，而見其所喪；視喪其足，猶遺土也；斯固德充之符矣！是則雖天地之大，萬物之富，其所宗而師者，無心也。夫無心而放乎自在，任乎自化者，應爲帝王也。然則養生主、人間世，及德充符三篇，所以盡逍遙遊不言之指，而大宗師及應帝王，則以竟齊物論未發之蘊者也。此內篇之大凡也。

> 凡外篇十五……凡雜篇十（按，此處錢氏以爲諸篇實亦分言逍遙遊或齊物論之指，而明內聖外王之義者，姑不具引）性命之安在我，則放乎逍遙之遊，內聖之德也。性命之安在人，乃以徵物論之齊，外王之道也。此莊子書之大指也。

錢氏以莊子書之大指，一歸逍遙遊、齊物論二篇，又以二篇之要義統攝於「內聖外王之道」，有內聖之德矣，則性命之安在我，有外王之道矣，則在人。《論語‧憲問篇》載：「子路問君子，子曰，修己以敬，曰，如斯而已乎？曰，修己以安人，曰，如斯而已乎？曰修己以安百姓。修己以安百姓，堯舜其猶病諸！」今莊子內聖外王之道所安在我、在人，則有如堯舜之修己以至安百姓耶？然則莊子一書，「固論五帝大同之道術也」〔註3〕！

陳柱氏〈闡莊〉一文亦嘗就莊書外雜篇以言「內聖外王之道」。其說略云：

> 莊子書所言道有三等義諦：有內聖之道焉，有內聖與外王之道焉，有外王之道焉。

> 所謂內聖者，即天下篇所謂天人、神人、至人者是也，是向吾所謂以天自處，以天視物者也。

> 故當其於此也，盛稱天人、力崇自然，凡人事之足以滅天者，莫不

〔註3〕語見顧實《莊子天下篇講疏》「以事爲常」一節顧氏案語。

非之，故曰「牛馬四足是謂天，落馬首、穿牛鼻是謂人」（秋水篇）……
此莊子學之第一等義諦也。

所謂內聖與外王者，即天下篇之所謂聖人是也。「臨莅天下，莫若無
為；無為者，尸居而龍見，淵默而雷聲，從容無為而萬物炊累焉。」
（在宥篇）……此莊子之第二義諦也。

所謂外王之道者，即天下篇之所謂君子，今見於莊子書之所陳者，
蓋已略近於儒家，（莊子）曰：「本在於上，末在於下；要在於主，
詳在於臣。……此五末者，須精神之運，心術之動，然後從之者
也。……」（天道篇）……此莊子之第三等義諦也。

　　是故讀莊子之書，必明此三等義諦，則莊學之本末精麤始可得而明。
陳柱氏以內聖外王之道為讀莊子之「義諦」，則內聖外王之道者直為「朝徹」
「見獨」莊子之道之梯階也；此與錢氏「莊子以內聖外王之道自名其學」之
說，咸可謂同得莊子之「環中」者乎？

　　今人王叔岷氏著《莊學管闚》一書，嘗重立莊子三十三篇新系統，並以
為「莊子全書內容，不外養生、處世、齊物、全德、內聖、外王六大系統，
此六大系統，又可通而為一」（頁 27），而王氏又云「莊子全書，凡論養生、
處世、齊物、全德、內聖、外王之義，咸歸之自然」（頁 12），則「可通而為
一」者，謂六大系統足以歸之自然也；抑有進者，按王氏「新系統」中所謂
「養生」，乃以養生主篇為代表，則其養在「緣督以為經」以「保身全生」也，
所謂「全德」，乃以德充符篇為代表，則其義在「常因自然而不益生」也，皆
內心修養之事，亦「內聖」之德也，其「處世」，乃以人間世篇為代表，則其
義在「虛心以化物」也，其「齊物」，乃以齊物論篇為代表，其義在「達道而
因物」也，皆對外經世之事，亦「外王」之道也。故推王氏所立新系統之意，
或亦可以首肯其「可通而為一」者，亦「六大系統」之足以歸之「內聖外王」
之謂也？蓋內聖外王之道，實亦一本自然者也〔註4〕。

　　茲者，請綜合上述諸人說法，表列「內聖外王之道」之意義如後，則藉
此一覽庶幾可以得其含義之所以該遍之一斑焉：

〔註 4〕郭子玄云：「使物各復其根，抱一而已，無飾於外，斯聖王所以生成也。」成
　　　玄英云：「上古三皇所行道術，隨物任化，淳朴無為。」所謂「無飾」或「無
　　　為」，皆指古人所備道術以生成聖王者，無非一本「自然」也。

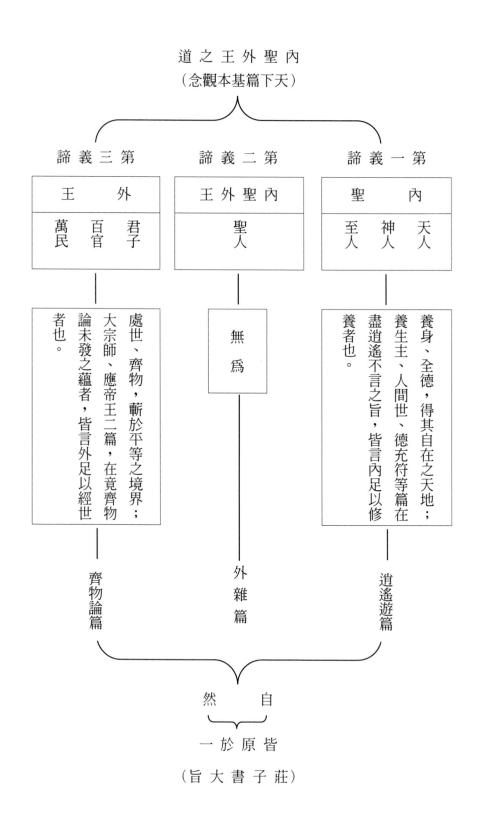

道之王外聖內
（念觀本基篇下天）

第三義諦　　　第二義諦　　　第一義諦

外　王	內聖外王	內　聖
君　百　萬 子　官　民	聖人	天　神　至 人　人　人

第三義諦欄：

者也。　論未發之蘊者，皆言外足以經世　大宗師、應帝王三篇，在竟齊物　處世、齊物，蘄於平等之境界；

第二義諦欄：

無為

第一義諦欄：

養者也。　盡逍遙不言之旨，皆言內足以修　養生主、人間世、德充符等篇在　養身、全德，得其自在之天地；

齊物論篇　　　　外雜篇　　　　逍遙遊篇

然　　自

皆原於一

（旨大書子莊）

貳、晚周以後儒、法各家「內聖外王」之觀念

唐君毅氏《中國哲學原論原道篇》自序云：

> 由道家之莊子天下篇之言「內聖外王」，禮記中之大學之言「內自明
> 其德，而外新民」，中庸之言「內成己而外成物」，及管子書之除論
> 及政法者外，兼有內業之篇之編入；即見晚周儒、道、法之流，同
> 趣向在言內聖外王之道，亦遙契孔子言仁道之兼具修己與治人之
> 旨。……此上諸書，縱成書有在漢世者，亦當說爲挹晚周至秦之思
> 想之流而成。

吾人於唐氏所舉諸書，宜先明其時代。《大學》與《中庸》二書據林師耀曾〈六
十年來之大學中庸〉一文之意見，則《大學》「爲孔、曾之後，子思、孟子一
派後儒所作，當無疑義」，而《中庸》「爲子思之作，後人所添」。按子思生卒
約在西元前 483～402 年，孟子在西元前 390～305 年，則「子思、孟子一派
後儒」，時代即在莊周之晚年，甚至卒後（莊周生卒約數西元前 365～290 年）。
〔註 5〕

又按馮友蘭氏《中國哲學史》亦論及《中庸》之時代問題（亦見《古史
辨》第四冊），以爲「細觀中庸所說義理，首段自『天命之謂性』至『天地位
焉，萬物育焉』，末段自『在下位不獲乎上』，至『無聲無臭至矣』，多言人與
宇宙之關係，似就孟子哲學中之神秘主義之傾向，加以發揮……首末二段，
乃後來儒者所加」，則林師所稱「爲子思之作，後人所添」者，「後人」其時
代亦可能與《大學》相當，即在莊周之晚年，甚至卒後？

惟莊子「內聖外王」之學說，雖係在晚年時以「莊語」形諸天下篇中（說
已見第二章），然而莊子「內聖外王」之思想，固或在早年既已假「寓言」方
式，十九散諸逍遙遊、齊物論等其他內、外、雜各篇中矣。然則大學、中庸
之受莊子「內聖外王」之思想或學說影響，豈無可能？

至於管子之書，據張心澂《僞書通考》所謂「（管子）其書載管仲將沒對
桓公之語，故疑後人續之（引杜佑〈指略序〉）；故其中一小部分或當指春秋
末年傳說，其大部分則戰國至漢初遞爲增益者（引梁啓超《諸子考釋‧漢書
藝文志諸子略考釋》）」，其書既可能有戰國至漢初遞爲增益者，則其受莊子「內
聖外王」之思想或學說影響，亦豈無可能！

是故，唐氏雖以莊子天下篇代表晚周「道之流」，大學中庸代表「儒之流」，

〔註 5〕以上三人生卒約數，據錢穆氏《先秦諸子繫年》。

管子代表「法之流」，而「同趣向在言內聖外王之道」者，然就其產生之時代而言，莊子內聖外王之觀念，似宜置之最前，並影響於儒、法二流者？惟儒、法原有其各家之基本主張，是以其所言內聖外王之道，其內涵、其方式，固不必盡與莊子天下篇者同；此亦梁任公所謂「包舉」，而吾人所謂「影響」之真義也。

（一）「內聖外王」與大學、中庸

今人高明先生《禮學新探》一書，即以內聖外王說學庸，其言云：

> 統觀〈大學〉全文，只是一個「明明德」的思想貫通於其中。所謂「格物」，是為「明明德」而「格物」。所謂「致知」，是為明明德而「致知」。推而至於「誠意」、「正心」，也無一不是如此。「格物」、「致知」、「誠意」、「正心」是「明明德」的工夫過程，由這過程而達到「修身」，這正是《論語》裏所說的「修己」（見〈憲問〉篇），〈中庸〉裏所說的「成己」，《莊子》裏所說的「內聖」（見〈天下〉篇）之學。由「修身」而「齊家」、「治國」、「平天下」是「明明德」擴大的過程，由這過程而實現「親民」，這正是《論語》裏所說的「安人」，〈中庸〉裏所說的「成物」，《莊子》裏所說的「外王」之學。〈大學〉裏所說的道理，就是由「修己」而「安人」，由「成己」而「成物」，由「內聖」而「外王」，由「明明德」一以貫之道理。（見〈大學辨〉一文）

蓋高氏以大學由「明明德」過程而達「修身」與「親民」，略謂之「這正是……中庸裏所說的『成己』與『成物』，莊子裏所說的『內聖』之學與『外王』之學」，則推高氏之意，大學與中庸並皆有莊子所謂內聖外王之觀念者也？試就大學、中庸原文（十三經注疏古本）比其類而徵之：

> 所謂誠其意者，毋自欺也，如惡惡臭，如好好色，此之謂自謙，故君子必慎其獨也……曾子曰：「十目所視，十手所指，其嚴乎！富潤屋，德潤身，心廣體胖。故君子必誠其意。所謂修身在正其心者，身有所忿懥，則不得其正；有所恐懼，則不得其正；有所好樂，則不得其正，有所憂慮，則不得其正。心不在焉，視而不見，聽而不聞，食而不知其味，此謂修身在正其心。

大學此處誠其意、毋自欺、慎其獨者，內在全德之修養乎；所謂正其心、不得使身有所忿懥云云者，亦內在養生之修養乎，皆可入「內聖」之類也。

> 天命之謂性，率性之謂道，修道之謂教。道也者，不可須臾離也，

可離非道也。是故君子戒慎乎其所不睹，恐懼乎其所不聞，莫見乎隱，莫顯乎微，故君子慎其獨也。

誠者，天之道也；誠之者，人之道也。誠者不勉而中，不思而得，從容中道，聖人也。……誠者，自成也，而道自道也，……是故君子誠之為貴。

中庸此處率性修道而慎其獨以自成者，實不外內心修養之事，亦皆可入「內聖」之類也。

所謂齊其家在修其身者，人之其所親愛而辟焉，之其所賤惡而辟焉……故好而知其惡，惡而知其美者，天下鮮焉。

所謂治國必先齊其家者，其家不可教，而能教人者，無之。故君子不出家，而成教於國。……其為父子兄弟足法，而后民法之也。

所謂平天下在治其國者，上老老而民興孝；上長長而民興弟；上恤孤而民不倍，是以君子有絜矩之道也。……道得眾則得國，失眾則失國。是故君子先慎乎德，有德此有人，有人此有土，有土此有財，有財此有用；德者，本也。

大學由修、齊、治、平，而明明德而親民，本末先後，秩然有序，蓋經世之「外王」之類也。

唯天下至誠，為能盡其性；能盡其性，則能盡人之性；能盡人之性，則能盡物之性；能盡物之性，則可以贊天地之化育；可以贊天地之化育，則可以與天地參矣。……唯天下至誠為能化。

是故君子動而世為天下道，行而世為天下法，言而世為天下則。

唯天下至誠，為能經綸天下之大經，立天下之大本，知天地之化育。

中庸由至誠盡性而成己成物，終始一貫，條理井然，蓋亦經世之「外王」之類也。

然而，大學、中庸雖可援「內聖外王」之觀念概說之，其本質則仍儒家之舊也。故唐君毅氏舉〈中庸〉為例云：

（莊子）時言「育萬物」（按，即天下篇「醇天地，育萬物……」），「化育萬物」，則〈中庸〉之言育萬物亦用老、莊之辭。……〈中庸〉之由率此性之道，修此性之教，表現于喜怒哀樂之發而中節，以言天地位、萬物育，固為以儒家之義為大本，以用道家所喜用之辭，而亦將其辭所代表之義，亦攝于儒家之義之下。（《中國哲學原論原

道篇》校訂版頁82）

儒家而攝以天下篇「內聖外王」之觀念，則近人熊十力氏《原儒》一書之所由著乎！蓋其來有自也〔註6〕。

（二）「內聖外王」與管子書

《管子‧內業篇》言吾人須「修心而正形」，乃能得道，而人之死生，由道之得失，事之成敗，亦由於道之得失，是故道為治心之法，亦為養生之術。〈白心〉篇所言養生之術，其精義亦多與〈內業〉篇治心之法相通〔註7〕，其言云：

> 欲養吾身，先知吾情，君親六合，以考內身，以此知象，乃知行情，乃知養生。

〈心術〉篇又以「無為」乃修養道德之術，其言云：

> 夫聖人無為也。故能虛，虛而無形謂之道，化育萬物謂之德。
>
> 毋代馬走，使盡其力；毋代鳥飛，使弊其羽翼。毋先物動，以觀其則。動則失位，靜乃自得。道，不遠而難極也，與人並處而難得也。

凡此皆管子書所言「內聖」之事也。至於「外王」之說，則書中有關法治、政治、教育、財政、外交等等是也，請引數語為說，以見其對外經世之大要焉：

> 政之所興，在順民心，政之所廢，在逆民心。（〈牧民〉篇）
>
> 聖君任法而不任智，任數而不任說，任公而不任私，任大道而不任小物，然後身佚而天下治。……不思不慮，不憂不圖。（〈任法〉篇）
>
> 凡治國之道，必先富民，民富則易治也；民貧則難治也。（〈治國〉篇）
>
> 彊國眾，合彊以攻弱，以圖霸；彊國少，合小以攻大，以圖王。彊國眾而言王勢者，愚人之智也；彊國少，而施霸道者，敗事之謀也。夫神聖，視天下之形，知動靜之時，視先後之稱，知禍福之門。（〈霸言〉篇）

〔註6〕熊氏《原儒》一書分上下卷，上卷〈原學統〉、〈原外王〉、下卷〈原內聖〉。原學統篇主要「上推孔子所承乎泰古以來聖明之緒，而集大成，開內聖外王一貫之鴻宗」；原外王篇「以大易、春秋、禮運、周官四經，融會貫通，猶見聖人數往知來，為萬世開太平之大道」；內聖篇「總論孔子之人生理想與宇宙論」（以上所引見原儒序）。熊氏並謂「莊子天下篇以內聖外王稱孔子」（頁32），則其以內聖外王之觀念說儒明矣。

〔註7〕參看嵇哲《先秦諸子學》，頁342。

參、邵康節「內聖外王」之觀念

繆天綬選註《宋元學案》百源（即邵雍康節）學案附錄云：

> 二程嘗侍太中公訪（邵）先生於天津之廬。先生移酒，飲月坡上，
> 歡甚。語其平生學術出處之大致。明日，明道謂周純明曰：「昨從堯
> 夫先生游，聽其議論，振古之豪傑也。惜其無所用於世！」周曰：「所
> 言何如？」曰：「內聖外王之道也。」

宋代理學諸子固每「泛濫於諸家，出入於老釋」，然終究多「返求諸六經，而後得之」（見明道學案），唯康節學術，雖亦返求諸六經，顯其圖書象數之學，而其思想毋寧較近於莊周。故錢穆氏《中國思想史》論之云：

> 北宋儒學中有一豪傑，便是邵康節，從來認邵康節思想偏近道家，
> 其實是更近莊周。康節精於象數之學，近似西漢陰陽家。但康節數
> 學之背後，另有一套哲理根據，卻與西漢陰陽家不同。我想稱此一
> 派為觀物哲學。前有莊周，後有康節，這一派哲學，在中國思想裏
> 更無第三人堪與鼎足媲美。
>
> 莊周是撇脫了人的地位來觀萬物，康節則提高了人的地位來觀萬
> 物。……莊周要把人消融在天地萬物中，康節則要把天地萬物消融
> 在人之中。所以成其為儒……。人只要袪除己私，運用智慧，來觀
> 察天地萬物，而求得其間之理。理則是公的，並無物我之別。必待
> 兼物我而理始見。
>
> 莊子約分，是要約束在各自本分之內。康節觀物，卻要範圍天地，牢
> 籠萬物，其主要工夫在能觀理。……然已把心的範圍放寬，把人的地
> 位提高，把客觀與主觀的界線也劃除了，一偏與全部之間，也凝合了。
>
> 這是莊子與華嚴之積極化與人文化，乃莊子與華嚴之儒家化。

所謂「積極化」、「人文化」，原是宋代儒者出入諸家之基本立場，亦邵雍「所以成其為儒」之故；然而邵子能與莊子於中國思想上後先輝映者，實緣二子之「觀物」，其「意趣頗相近」（語見錢氏《莊子纂箋·序目》），此明道所以盛稱邵子有「內聖外王之道」與夫「內聖外王之學」者也〔註8〕。

（一）康節「內聖」之學

〈觀物內篇〉云：

〔註8〕《宋史·道學傳》云：「河南程顥，初侍其父識雍，論議終日，退而歎曰：『堯
　　　　夫內聖外王之學也！』」

夫所以謂之觀物者，非以目觀之也，非觀之以目，而觀之以心也，
非觀之以心，而觀之以理也。聖人之所以能一萬物之情者，謂其能
反觀也。所以謂之反觀者，不以我觀物也。不以我觀物者，以物觀
物之謂也，既能以物觀物，又安有我于其間哉。

「反觀」猶莊子秋水篇「以道觀之」之意，蓋「道者通乎人我者也」〔註9〕，
既通乎人我，且將「獨與天地精神往來」（天下篇）矣，此時物我不相徇，而
萬物之情能一矣。此邵子以物觀物，以理全德之說也。

〈觀物外篇〉云：

不我物，則能物物。

任我則情，情則蔽，蔽則昏矣。因物則性，性則神，神則明矣。潛
天潛地不行而至，不爲陰陽所攝者，神也。……神無所在，無所不
在，至人與他心通者，以其本于一也。

先天之學，心也，後天之學，迹也，出入有無死生者，道也。

「不爲陰陽所攝」之神，猶莊子逍遙遊篇藐姑射山之神人，「物莫之傷」也，
若然，則不但可「遊乎四海之外」，且將「上與造物者遊，而下與外死生無終
始者爲友」（天下篇）矣，此邵子「出入有無死生」，以道養生之方，而自號
「安樂先生」者也。

（二）康節「外王」之學

〈觀物內篇〉云：

夫天下將治，則人必尚行也。天下將亂，則人必尚言也。尚行則篤
實之風行焉，尚言則詭譎之風行焉。……是知言之於口，不若行之
於身，行之於身，不若盡之於心，……盡之於心，神得而知之。……
無身過易，無心過難，既無心過，何難之有？吁，安得無心過之人
而與之語心哉！是知聖人所以能立無過之地者，謂其善事于心者也。

莊子齊物論篇嘗曰：「道隱於小成，言隱於榮華，故有儒墨之是非，以是其所
非而非其所是。」此「天下將亂，則人必尚言」之意也；苟欲治天下，則必
使人行篤實之風是已，故使之各盡之於心而無心過，「不譴是非，以與世俗處」
（天下篇），「莫若以明」以處世，所謂善事於心者也。又觀邵子「安得無心
過之人而與之語心哉」一語，與莊子外物篇「吾安得夫忘言之人而與之言哉」

〔註9〕胡遠濬《莊子詮詁》引郭嵩燾語。

似有同歎，蓋歎尙言之多是非，猶不忘言之不知其本也？〔註10〕

「觀物內篇」又云：

> 人也者，物之至者也，聖也者，人之至者也。人之至者，謂其能以
> 一心觀萬心，一身觀萬身，一物觀萬物，一世觀萬世者焉。又謂其
> 能以心代天意，口代天言，手代天工，身代天事者焉。又謂其能以
> 上識天時，下盡地理，中盡物情，通照人事者焉；又謂其能以彌綸
> 天地，出入造化，進退古今，表裏人物者焉。

莊子天道篇曰：「靜而聖，動而王，無爲也而尊，樸素而天下莫能與之爭美。
夫明白於天地之德者，此之謂大本大宗。」聖之人其所「觀」所「代」者以
此大本，其所「彌綸」所「進退」者，以此大宗；此大本大宗即天下篇之「本
宗」亦即邵子之「天地萬物皆出於道」（〈觀物篇〉四十九）之無爲之「道」、
虛靜之「心」也。故胡遠濬《莊子詮詁》述天道篇之大意云：

> 蓋心不能離體爲用，必得其端默大本以爲之主，則凡粗末之迹，自
> 能如臣之聽命，而用無不當，此所以無爲而無不爲也。

所謂「無爲而無不爲」固亦邵子所持之者也〔註11〕，其言云：

> 夫（天下之觀，天下之聽……）其見至廣，其聞至遠，其論至高，
> 其樂至大。能爲至廣，至遠，至高，至大之事，而中無一爲焉，豈
> 不謂至神、至聖者乎？（〈觀物內篇〉）

「中無一爲」之斷語，此邵子認爲聖人之所以能「彌綸天地，出入造化，進
退古今，表裏人物」之治國經世思想所在也。

肆、王船山「內聖外王」之觀念

今人陸寶千氏著《清代思想史》，其自序云：

> 宋、明之士，言心言性，細若牛毛，深入膝理，內聖之蘊，闡發盡
> 致。迨夫大廈既傾，玉步改易，遺民懷陸沈之痛，憾辮髮之辱，抽
> 思繹慮，深探博求；爲生民圖久安，爲萬世開太平，外王之道，亦
> 復大張。

船山生於明萬曆四十七年，卒於清康熙三十一年（西元 1619～1692），其少

〔註10〕 筌蹄所以在魚兔，得魚兔而忘筌蹄；言者所以在意，得意而忘言，故知「意」
　　　　爲言之「本」也。故成玄英疏云：「元理假於言說，言說實非元理；魚兔得而
　　　　筌蹄忘，元理明而名言絕。」

〔註11〕 馮友蘭《中國哲學史》頁 843。

年之時，「明季王（陽明）學之弊，漸趨轉變」，而船山與焉〔註12〕，故於宋、明之士所謂「內聖之蘊」必有得焉者；而其晚年之時嘗有「船山記」一文，用述其深懷故國之悲，且生前嘗自題其墓曰「明遺臣王夫之之墓」，慨然見志〔註13〕，則其於遺民之痛而爲生民、爲萬世之所謂「外王之道」者，必亦有得焉。且夫船山精研老莊，對於體用道器之辨，主「觀化而漸得其原」，途轍有似於莊生〔註14〕，則其受莊生內聖外王觀念之影響者亦頗自然也。故錢穆氏《中國近三百年學術史》有云：

> 明末諸老，其在江南，究心理學者，浙有梨洲，湘有船山，皆卓然爲大家。然梨洲貢獻在學案，而自所創獲者並不大。船山則理趣甚深，持論甚卓，不徒近三百年所未有，即列之宋明諸儒，其博大閎括，幽微精警，蓋無多讓。（第三章王船山學術大要）

此「玄聖」之事，是其內聖之學也。而牟宗三氏《歷史哲學》三版自序亦云：

> 儒者中，王船山亦有此智慧（按即牟氏上文所謂「了解事理情理以及品題人物足以通情達理的具體智慧」），故彼能通歷史。惟具有此種智慧，始能使「究天人之際、通古今之變」不爲虛語。

「通歷史」則足以察往跡知興替，此「素王」之事，是其外王之學也。茲略論之。

（一）船山「內聖」之學

船山言養性，言遏欲，皆能精闢獨至〔註15〕，此蓋船山養生之工夫，亦內聖之學之要旨也。船山於其〈尚書引義〉云：

> 君子之養性，行所無事，而非聽其自然，斯以擇善必精，執中必固，無敢馳驅而戲渝已。……形氣者，亦受於天者也。非人之能自有也。而新故相推，日生不滯如斯。然則飲食起居，見聞言動，所以斟酌飽滿於健順五常之正者，奚不日以成性之善。而其鹵莽滅裂，以得二殊五實之駁者，奚不日以成性之惡哉？（卷三〈太甲二〉）

君子養性之要，在飲食起居見聞言動，須順五常之正，久之則成性之善，則養性者，亦養生也；養生之時又以「鹵莽滅裂」，聽其流俗所謂「自然」者爲

〔註12〕見吳康《宋明理學》，頁344。亦可參看梁啓超《清代學術概論》，頁32～33。
〔註13〕見商務本《中國歷代思想家》〈王夫之〉一文（黃懿梅撰）。
〔註14〕錢穆論船山語。見《中國近三百年學術史》第三章「王船山」。
〔註15〕同前註。

大忌，此可由船山論習俗之愚昧無知，多以壅遏不得暢遂其性情之正，而以為「縱欲」之謬者〔註16〕略得其意焉。其言見於《詩廣傳》云：

> 不肖者之縱其血氣以用物，非能縱也，過之而已矣。縱其目於一色，而天下之群色隱，況其未有色者乎？縱其耳於一聲，而天下之群聲閟，況其未有聲者乎？縱其心於一求，而天下群求塞，況其不可以求者乎？……無過之者，無所不達矣。故曰，「形色天性也」，惟聖人可以踐形。形其形而無形者宣，色其色而無色者顯。……縱其所堪，而晝夜之道，鬼神之撰，善惡之幾，吉凶之故，不慮而知，不勞而格，無過焉而已矣。一朝之忿，一念之欲，一意之住，馳而不返，莫知其鄉，皆惟其過之也。

不肖者既誤壅蔽於情性而自以為「能縱」之矣，而一般學者治心學竟亦無以知莊周「逍遙」精神之「塵垢秕糠」，況其真義乎？故船山於〈尚書引義〉云：

> 相續之為念，能持之謂克，遽忘之為罔，此聖狂之大界也，奈之乎為君子之學者，亦曰聖人之心如鑑之無留影，衡之無定平，已往不留，將來不慮，無所執於忿恐憂懼而心正？則亦浮屠之無念而已，則亦莊周之坐忘而已。前際不留，今何所起？後際不豫，今將為何？狂者登高而歌，非有歌之念也；棄衣而走，非有走之念也。盜者見篋而肤之，見匱而發之，不念其為何人之篋匱也。夫異端亦如是而已矣。莊周曰「逍遙」，可逍遙則逍遙耳，不攖於害，所往而行，蔑不利也，固罔念夫枋榆，溟海之大小也。浮屠曰「自在」，可自在則自在耳。上無君父，下無妻子，蔑不利也。固罔念夫天顯民祇之不相離也。

船山此論，乍視之若以莊周之逍遙、浮屠之自在為「異端」者？細繹之，則似又不然也，何者？蓋「有明晚葉，王學之弊日深」〔註17〕，言心論性者，相率病於蹈虛而落空。故「默照靜坐」，以為有見於心，而禪乃成「狂禪」〔註18〕矣，而養性者，亦不識本末先後之教，篤行實踐之訓，但知以「極高明」「止至善」為尊德性之至高準則，不免架空虛矯，而滿街都是「聖人」矣；

〔註16〕同前註。
〔註17〕吳康《宋明理學》，頁339。
〔註18〕參看南懷瑾《禪與道概論》，頁82。又見蔡尚思〈宋明理學相同的缺點〉一文（新中華復刊第六卷第九期）。

是以吾人何怪乎船山或欲援後世淺人之所謂「逍遙」、與「自在」之偏妄，用以自警，并進而諷勸與鍼砭當日之士智耶？故船山所斥為「異端」者，後世之淺人耳，實非莊周本人也。船山於其《莊子解》之解「逍遙遊」云：

> 逍者，嚮於消也，過而忘也；遙者，引而遠也，不局於心知之靈也。故物論可齊，生主可養，形可忘而德充，世可入而害遠，帝王可應而天下治，皆脗合於大宗以忘生死，無不可遊也，無非遊也。

又於其《莊子通》之通「逍遙遊」云：

> 然則乘天地之正者，不驚於天地之勢也，「御六氣之辯」者，不驚於六氣之勢也，必然矣。無大則「無己」，無大則「無功」，無大則「無名」，而又惡乎小！雖然，其孰能之哉？知兼乎寡，而後多不諱寡也，知兼乎短，而後長不辭短也，知兼乎輕，而後重不略輕也，知兼乎小，而後大不忘小也；不忘小。乃可以忘小，忘小忘大，而「有不忘者存」，陶鑄焉，斯為堯舜矣。

此莊周精神之真諦也，而船山「解」而「通」之者。蓋聖人、神人、至人之流，必能「不局於心知之靈」，故不憂瓠種之拙於用；必能「不驚於天地之勢」，故「物莫之傷，大旱金石流，土木焦而不熱」；又必兼乎寡、短、輕、小，而「畫一小大之區」，故鷦鷯一枝偃鼠滿腹，而天下治矣。船山之精習莊子，自其體莊周逍遙之意觀之，誠足與莊生「上下千古心相契合」〔註 19〕也，當不致反指莊生之逍遙為異端也？

然而，從船山前述所謂「天顯民祗」「帝王可應」及「斯為堯舜」之言推之，則船山內在修養工夫，殆亦為一種約取莊生逍遙精神，而糅合於儒家格致誠正後，所形成之「積極之修養工夫」〔註20〕也，是亦船山內聖之全德工夫也。

（二）船山「外王」之學

船山外王之學，大約可見於其《讀通鑑論》與《宋論》二書之中。二書亦其察往知來之史學所寄也。船山以為帝王不可「以義為名利」。《讀通鑑論》卷二「漢高帝」云：

> 以大義服天下者，以誠而已矣，未聞其以術也；奉義為術而義始賊。義者，心之制也，非天下之名也，心所勿安而忍為之，以標其名，天下乃以義為拂人之心而不和順於理。夫高帝當窘迫之時，豈果以

〔註19〕見王天泰〈莊子解序〉。
〔註20〕語見《中國哲學思想論集》清代篇，唐君毅作〈王船山之人道論通釋〉一文。

丁公爲可殺而必殺之哉？當誅丁公之日，又豈果能忘丁公之免己而不以爲德哉？欲懲人臣之叛其主，而先叛其生我之恩，且囂然曰，是天下之公義也。則借義以爲利，而吾心之惻隱亡矣。

夫義，有天下之大義焉，有吾心之精義焉，精者，純用其天良之喜怒恩怨，以爲德威刑賞，而不雜以利者也。……故赦季布而用之，善矣，足以勸臣子之忠矣，若丁公者，廢而勿用可也，斬之，則導天下以忘恩矣，恩可忘也，苟非刑戮以隨其後，則君父罔極之恩，孰不可忘也？

嗚呼！此三代以下，以義爲名爲利而悖其天良之大愚也。

「奉義爲術」「借義爲利」謂之賊，此猶莊子所以有「淫僻於仁義之行，而多方於聰明之用」（駢拇篇）之說，亦帝王治世之「大愚」也。

凡「大愚」之生也，其初或由於多欲。故船山主人君不可多欲，《宋論》卷二「太宗九」云：

太宗謂秦王曰：「人君當淡然無欲，勿使嗜好形見於外。」殆乎知道者之言也夫！

衛懿公之於鶴也，唐玄宗之於羯鼓也，宋徽宗之於花石也，達者視之——皆無殊於瓦罐之與塊土凡蟲也，而與之相守以不離。

太宗曰：「朕無他好，惟喜讀書。」……雖然，但言讀書，而猶有所患。所患者，以流俗之情臨簡編，而簡編之爲流俗用者不鮮也。故蕭繹、楊廣、陳叔寶、李煜以此而益長其惛淫。……夫苟以流俗之心而讀書，則讀書亦嗜好而已。其銷日糜月廢事喪德也，無以愈……。惟無欲而後可以讀書。故曰：太宗之言，殆知道者之言也。

多欲則諸不肖生焉，逐於外物之玩好者固毋論也，即讀書一事，苟存流俗之情如爲名、爲利者，則何啻「糟魄」之譏而已，亦不免乎「喪德」也。按莊子亦嘗謂「其耆欲深者，其天機淺」（大宗師篇），故善治天下者，知「彼民有常性」，「同乎無欲，是謂素樸，素樸而民性得矣」（馬蹄篇）。船山此意蓋非無其遠流者。

既不淫其欲矣，則自知經世之要本在乎「簡」。船山云：

夫曰寬、曰不忍、曰哀矜，皆帝王用法之精意，然疑於縱弛藏姦而不可專用。以要言之，唯「簡」其至矣乎！八口之家不簡，則婦子喧爭；十姓之閭不簡，則胥役旁午；……簡者，寬仁之本也。（見《讀通鑑論》卷二十二玄宗一）

又云：

> 人之或利或病，或善或不善，聽其自取而不與爭，治德蘊於己，不
> 期盛而積於無形，故曰不謂之盛德也不能。求之己者，其道恆簡；
> 求之人者，其道恆煩，煩者，政之所緣紊，刑之所緣密，而後世儒
> 者恆挾此以爲治術，不亦傷乎！
> 民之恃上以休養者，慈也，儉也，簡也，三者於道貴矣，而刻意以
> 爲之者，其美不終。
> 簡以行慈，則慈不爲沽恩之惠；簡以行儉，則儉不爲貪吝之媒。無
> 所師，故小疵不損其大醇；無所倣，故達情而不求詳於文具。（以上
> 見《宋論》卷一）

爲政之道，以不刻意而爲美，以能達情而入醇；不刻意尚行，能達情因是皆
無爲之事也，則吾人推船山「唯簡其至矣乎」之意，宜乎亦頗有取於莊子外
王所謂「在宥」之義者也。〔註21〕莊子在宥篇曰：

> 聞在宥天下，不聞治天下也。在之也者，恐天下之淫其性也；宥之
> 也者，恐天下之遷其德也。天下不淫其性，不遷其德，有治天下者
> 哉！

成玄英疏云：

> 性正德定，何勞布政治之哉！有政不及無政，有爲不及無爲。

能使「天下不淫其性，不遷其德」方有無爲之可言，惟其道若何，成疏所未及，
而船山及之，所謂「簡以行慈」、「簡以行儉」，則能成其無爲之「盛德」也。

　　然而吾人聞無爲之言矣，固未見無爲之人也，而既見其次焉者也，蓋「大
有爲者」，亦能有聞無爲之言，在宥之風者乎？船山云：

> 天下之大，死生之故，興廢之幾，非曠然超於其外者，不能入其
> 中而轉其軸。故武王之詩曰：「勿貳爾心。」慎謀於未舉事之前，
> 坦然忘機於已舉事之後，天錫帝王以智，而必錫之以勇。勇者，
> 非氣矜也，泊然於生死存亡而不失其度者也。光武之笑起而不與
> 諸將爭前卻，大有爲者之過人遠也，尤在此矣。（《讀通鑑論》卷
> 六，光武）

昆陽之戰，諸將臨敵而撓拒不從命，光武既未「痛哭以求」，且不「慷慨以爭」，

〔註21〕錢穆氏云：「（船山）論治則頗有取於老、莊在宥之意，此尤船山深博處。」（見
《中國近三百年學術史》頁119）。

但「微笑」而已，按其所以能「曠然超於其外」如是，固是深知「無攖人心」
（莊子在宥篇）之道者也。

　　船山《莊子通》自敘云：「凡莊生之說，皆可因以通君子之道。」《莊子
通》一書，船山於康熙十八年己未春之所作也，是年船山六十一歲，故自敘
所云，大抵可視爲晚年研莊定論。然則莊子天下篇所謂「內聖外王之道」者，
固亦皆可因以通君子之道也，不亦明歟！

伍、其他

　　以上臚述自晚周儒、道、法以降，而邵康節，而王船山，其所受莊子天
下篇「內聖外王」觀念影響之犖犖大端者竟，而猶有所補苴焉。

　　《左傳・襄公廿四年》云：

　　　穆叔如晉，范宣子逆之，問焉，曰：「古人之有言曰『死而不朽』，
　　　何謂也？」

　　　穆叔曰：「豹聞之，太上有立德，其次有立功，其次有立言。雖久不
　　　廢，此之謂三不朽。」

此即叔孫穆子「極名貴的三不朽論」〔註22〕也，亦吾國學術思想，至爲重要
之名言也，而實亦可以莊子「內聖外王」之觀念，予以範疇之。馮友蘭氏《中
國哲學史》云：

　　　中國哲學家，多講所謂內聖外王之道。「內聖」即「立德」，「外王」
　　　即「立功」。其最高理想，即實有聖人之德，實舉帝王之業，成所謂
　　　聖王，即柏拉圖所謂哲學王者。至於不能實舉帝王之業，以推行其
　　　聖人之道，不得已然後退而立言。〔註23〕

其說是也。又按馮氏所謂中國哲學家，雖指諸子百家而言，而諸子既皆有得
於六藝之一端，則六藝固爲中國哲學，固亦「多講所謂內聖外王之道」也。
如「易備內聖外王之道」，「周官發明升平世之治道，以爲太平開基」，「尙書
一經，蓋發揮古帝王之行事，以發揮其所懷抱之理想」，以至「樂之有甚多宏
大深微之義」，詩教之「不淫不傷」，而「春秋之特詳外王，而根源在易」〔註
24〕，亦莫非「內聖外王」而已矣。此其一。

〔註22〕語見錢穆氏《中國思想史》，頁6「（五）叔孫豹」。
〔註23〕見馮友蘭氏該書頁9第一篇子學時代第一章緒論（五）「中國哲學之弱點及其
　　　所以」。
〔註24〕以上散見熊十力氏《原儒》上卷原學統（頁69～79）中。

　　魏晉南北朝以後，佛學漸盛行於中國。據張起鈞、吳怡二氏所著《中國哲學史話》略謂佛學中如「法相宗」之「唯識哲學」，即在修持內心，使人逐漸由前五識——眼、耳、鼻、舌、身，進入第八識——阿賴邪識，從而「在人格中發現一個物我的主體」，此猶莊子內聖之重內心修養者乎？而法相宗之「開山祖師」玄奘，「一半生涯在求經，一半生涯在譯經，他有着遊歷家的多姿生活，有着宗教家的殉道精神，有着思想家的救世熱情，他爲了佛教，爲了中國文化，爲了世界人類，貢獻了他的一生」〔註 25〕，則玄奘實充分履踐佛門慈悲爲懷，與眾生平等精神之高僧，此猶莊子外王之經世思想乎？固皆不可強置於同途，而大約可以歸於一類也。此其二。

　　又錢穆氏《中國思想史》一書，以孫中山先生一人代表近代中國思想。其言云：

　　　　中山先生實有他獨特一套的思想，他不僅堪當這一百年來近代中國
　　　　惟一的一個思想家，而且無疑地他仍將是此後中國思想新生首先第
　　　　一個領導人。

又云：

　　　　中山思想，並不像西方一宗教家、哲學家，或科學家，有其偏傾與
　　　　專注。而博大宏括，同時又是平易淺近，十足代表一個中國思想家
　　　　之本色。

錢氏此處所謂「本色」，吾人以爲即莊子天下篇所謂「內聖外王」之意也？

　　中山先生「內聖」之學，可自其研究宇宙萬有之本體所獲致之「本體論」知其祈嚮。今人張鐵君氏云：

　　　　國父在軍人精神教育中，表示他對於哲學中本體論的意見，謂精神
　　　　與物質「本合爲一」。這「本合爲一」的深邃思想，不但將西洋哲學
　　　　幾千年的心物之爭，闢了一個解決的途徑，而且對於中國哲學中許
　　　　多失傳而難於理解的學說，例如莊子天下篇中名家的學說，若果我
　　　　們用「本合爲一」的原理來觀察，過去一般哲學視爲不可解的語句，
　　　　但在　國父的本體哲學眞光照耀下，一切皆可迎刃而解了。〔註 26〕

中山先生「外王」之學，則自其所著《三民主義》一書中，識其綱領。中山

〔註 25〕以上參看張起鈞、吳怡二氏所著《中國哲學史話》一書頁 224～226。
〔註 26〕見張鐵君氏所著〈名家廿一辯新疏〉一文（載「學宗」第四卷第一期），張氏
　　　　本文即「本著　國父的本體思想來看名家辯者的廿一條辯論」者。

先生略云：

> 我們舊有的道德，應該恢復以外，還有固有的智能，也該恢復。
>
> 中國古時有很好的政治哲學，像大學中所說格物、致知、誠意、正心、修身、齊家治國平天下那一段話，把一個人從內發揚到外，由一個人的內部做起，推到平天下止，像這樣精微開展的理論，無論外國什麼政治哲學家都沒有見到，沒有說出。這種正心、誠意、修身、齊家的道理，本屬於道德的範圍，今天要把他放在智識範圍內來講，纔是適當。我們祖宗對於這些道德上的工夫，從前雖是做過，但自失了民族精神之後，這些智識的精神，當然也失去了。〔註27〕

此其三。

　　然則，猗與盛哉，「內聖外王」觀念之形成也，後世言內聖外王之意義，或折中於莊周，或出入於莊周，而其內聖外王之名稱，則無往而弗適焉，此又可見天下篇之「莊語」其所以「深閎」之另一面也。故熊十力氏云：「一切學術，一切知識，必歸本內聖外王。」〔註28〕。噫，內聖外王之道，肇始乎遠古，流衍於百代，而天地之大道，生民之學術略盡於斯矣夫！

第二節　若干謬誤之澄清

　　清人方東樹云：

> （天下篇）莊子敘六藝之後，次及諸子道術。其後司馬談、劉歆、班固，次第論撰，皆本諸此。

天下篇之爲後世論說學術思想所規模者，大抵如是，固學者之所知也；抑莊子所論，多與諸家不同〔註29〕，蓋以論斷公允而衍義精確之故也，是以「內聖外王」之觀念亦形成於後世而流衍迄今，此則吾人既已分別於「緒論」及上述章節中，比較論之矣，凡茲數端，亦皆可視爲後世學者對於莊子天下篇正確之認識也。唯後世學者仍不乏對莊子之學說以及道家之思想等，存有謬

〔註27〕本段從錢氏《中國思想史》，頁291「（四四）孫中山」一節所約引中山先生語；今可據孫文著《三民主義》（台北中央文物供應社版）民族主義第六講原文覆按（在該書頁80）。

〔註28〕見《原儒》，頁60。

〔註29〕章太炎氏《國學略說》中〈諸子略說〉亦以爲：「論諸子流別者，《莊子・天下篇》、《淮南子・要略》、〈太史公論六家要指〉及《漢書・藝文志》是已。此四篇中……莊子所論，多與後三家不同。今且比較說明之。……」

誤之見解，吾人倘能持天下篇以衡鑑之，或幸得還其本眞也？

壹、揭櫫「恣縱不儻」思想之眞義

西諺有云：「無自由，毋寧死！」自由於人類誠可貴，而於哲人之學術思想而言，尤可貴也，此亦莊子之所以始乎「逍遙遊」也，顧後世之誤解莊子，亦坐此「逍遙遊」也〔註30〕；其初則由於太史公之以莊周爲「洸洋自恣」（史記本傳），甚或「猾稽亂俗」（《史記·孟子荀卿列傳》），有以啓其端乎？然吾人果索解於天下篇莊子「恣縱不儻」之眞義，則當知其不然也。

（一）莊子非放任失度者

太史公「洸洋自恣」之論出，後世暖暖姝姝之學莊者，乃以爲形骸之放任爲逍遙，今人王叔岷氏闢之詳矣。其言略云：

> 莊子全書之義，咸歸之自然。自然失度，則流於放任。莊子之言，說高而不亢，其爲人清而容物，決非放任也。
>
> 莊子天下篇稱莊周「以謬悠之說，荒唐之言，無端崖之辭，時恣縱而不儻，不以觭見之也」，成玄英疏：「恣縱，猶放任也；觭，不偶也。莊子……能致虛遠深弘之說，無涯無緒之談，隨時放任而不偏黨，和氣混俗，未嘗觭介也。」放任而不偏黨，不見觭介，則是歸於自然矣。
>
> 史記莊子傳稱莊子「其言洸洋自恣以適己」，「洸洋自恣」則是放任。此史公了解莊子未到處，然史公於老、莊、申、韓傳贊文中復云：「莊子散道德放論，要亦歸之自然。」放論則易失自然，謂莊子放論而歸之自然，則又與莊子天下篇所稱莊子者相符矣。

此謂莊子思想自天下篇觀之實歸於自然，而非俗之所謂放任無度也。

又云：

> 及至揚雄謂「莊、楊蕩而不法」，以莊子、楊朱並稱，殊覺不倫。「蕩而不法」，猶云「放而不正」，……謂楊朱放而不正則可；謂莊子放而不正則不可。蓋莊子固常重正己之修養矣。德充符篇：「受命於地，唯松柏獨也正，在冬夏青青；受命於天，唯舜獨也正，在萬物之首，幸能正生，以正眾生。」（今本有脫文據宋張房本補）應帝王篇：「夫聖人之治也，治外乎？正而後行，確乎能其事者而已矣。」……皆其

〔註30〕詳見今人吳怡氏《逍遙的莊子》一書第二章「莊子逍遙境界的誤解」。

驗也。則莊子固非放任而不正者矣。〔註31〕

天下篇「不以觭見之」，不觭者，或釋爲「不偏也」，或釋爲「不炫奇立異」也〔註32〕，不偏、不炫皆無有「不正」之意，所謂「不黨」也。則莊子非放而不正也。

（二）莊子非猾稽亂俗者

清人趙翼《廿二史箚記》略謂：褚少孫補史記不止十篇〔註33〕，且其中又有就史遷原文而增改者，皆未標明「褚先生曰」，可知史記十篇外，多有少孫所竄入者；又謂史記有後人竄入者，云云（見卷一），則今本《史記·孟子荀卿列傳》之稱「莊周等又猾稽亂俗」一語，是否後世「儒家嗤道家之放」（楊泉《物理論》）者所竄入，亦非所知也，而難莊者，每援《史記》此語以爲說，則吾人所知也。果爾，吾人亦可舉天下篇以明之也。王叔岷云：

> 天下篇謂莊子「以天下沈濁，不可與莊語，以卮言爲曼衍，以重言爲眞，以寓言爲廣。」
> 釋文：「莊語，郭云：『莊，莊周也』，一云：『莊，正也』」莊訓正是也。莊語，猶正言，天下沈濁，不可與正言，故莊子以卮言，重言，寓言代替正言。卮言，重言，寓言雖非正言〔註34〕，然亦非「猾稽亂俗」之言。

此引天下篇「莊語」明之者也。又云：

> 郭象莊子後語云：「莊子閎才命世，誠多英文偉詞，正言若反。」（附見於日本舊鈔卷子本天下篇末；又見陸德明《經典釋文·敘錄》，文略異。）郭氏借用老子（七十八章）「正言若反」一語，以評莊子之言，甚扼要。正言若反，亦非即猾稽亂俗之言也。〔註35〕

此又引天下篇「後語」明之者也。蓋莊子之篇章類皆「正言若反」者，獨天

〔註31〕見《莊學管闚》，頁12。王氏所引《莊子·德充符篇》。

〔註32〕「不以觭見」，明程以寧《南華眞經注疏》云：「不炫奇立異以自表見於己。」又張栩《莊子釋義》云：「偏也。」

〔註33〕《漢書·司馬遷傳》謂史記內十篇，有錄無書，顏師古註引張晏曰「遷沒後，亡景紀、武紀、禮書、樂書、兵書、漢興以來將相年表、日者列傳、三王世家、龜策列傳、傅靳蒯成列傳，凡十篇，元、成間，褚少孫補之，文詞鄙陋，非遷原本也。」

〔註34〕按「卮言」一義，今人張默生以爲即「漏斗式的話，莊子卮言的取義，就是說他說的話，都是無成見之言。」則卮言似亦同於正言？

〔註35〕見《莊學管闚》，頁99～100。

下一篇悉屬「正言」；前者或「以天下沈濁，不可與莊語」，故莊子乃「時恣縱」其思想如是，後者或以「悲夫百家往而不反」，故莊子乃「莊語」之，且未嘗有偏黨也。

（三）樹立思想家之風範

世俗所謂「思想家」，每自囿於冥想之「象牙之塔」中，而一無措意於天下治亂；莊子雖逍遙而恣縱，蓋「內聖之道」之寓言耳，推其極則亦在「外王之道」也。故章學誠有云：

> 吾聞莊周之言曰，「內聖外王之學，暗而不明」（按章氏此言或約取天下篇者，下句同）也，「百家往而不反，道術將裂」也，「寓言十九，卮言日出」，然而稠適上遂，充實而不可以已，則非無所持而漫爲達觀以略世事也。（見《文史通義》質性篇）

莊子之恣縱而逍遙，誠非「漫爲達觀」也，非略於事也，故方以智乃謂莊子「非忘世之流」（見《藥地炮莊》釋天下篇），劉鳳苞以莊子「憂世立言苦心可以概見」（《南華雪心編》釋天下篇），劉斯楠亦稱「積極於精神之稠適上遂，則是莊子之學，亦大有功於人類」（見「莊學小識」通論天下篇）。故吾人由天下篇可見莊子並非但知逍遙，而亦知「殷憂」天下之道術，故有「悲夫」之歎；「莊子哀樂不能入，指體一而言，其隨分而生哀樂，一出於至誠。」（胡遠濬語），天下篇蓋即「哀」之一面乎？章氏所謂（莊子）「非無所持」者，乃持此哀之一面也，亦近人所謂「內觀」也。近人張季同〈馮著中國哲學史的內容和讀法〉一文嘗云：

> 對於一種哲學，可以說有內觀與外觀之不同。內觀即以同情的態度觀察之，外觀則只觀其表面。對於一種哲學，不以同情的態度來觀察之，是絕不能了解其精髓的。

張氏此言洵亦可移以說天下篇，蓋天下篇之「悲百家往而不反」者亦「的確能以同情的態度觀察各家哲學而無所偏倚」者也。

然而，莊子之所以「避世」者，殆爲逃避「暴人政治」也，「暴人政治是不講是非的，要免爲暴人所摧殘，也只好『不譴是非』」〔註36〕，而莊子面臨天下道術之將裂，則並未「逃避」，且能勇於批評焉。又莊子之所以「以我爲中心」者，絕非「自私自利」之說也，蓋「莊子思想的精神是在體現眞我」〔註

〔註36〕見陳啓天氏《中國政治哲學概論》，頁262。
〔註37〕見吳怡氏《逍遙的莊子》第六章。

37〕，而其充實不已以體現眞我以後，何嘗不祈響於「調適上遂」與夫「育萬物，和天下，澤及百姓」乎？是以吾人由莊子書一般之篇章可知，莊子固具有後世所謂道家之消極精神，而由天下篇更可知，莊子實已賦予道家以積極之精神，抑又爲世俗之思想家者流樹立一種純美之風範矣。

貳、可證莊子思想具有科學精神

林師耀曾嘗以「崇尙科學的自然主義」爲道家中心思想之影響後世者〔註38〕，而錢穆氏更以爲「莊子書中有許多話可以借來闡說近代科學精神」〔註39〕；錢氏並主要以莊書爲說，謂研究自然科學，必須有「無我」「忘我」之精神，又須有「傴僂丈人」用心於蟬翼（達生篇）之「犧牲」精神，以及「君自此遠矣」（山木篇）之「孤往」精神等，否則，「即不得在科學研究中有大成就」。今且依錢氏定義略探天下篇之「科學精神」。

（一）「土塊」精神

天下篇言愼到「棄知去己」雖與莊子「無知忘己」有異（已見第一章），然其「塊不失道」（郭注：欲令去知如土塊。）之說，除具有大公無私之法律精神外，亦「可借來描寫或發抒自然科學家之無我心情」，蓋誠令如土塊，則無有「喜怒哀樂，與忠孝仁義」矣，此乃步入科學實驗室（或解剖室）之先決條件也。觀豪傑相與取笑愼到，而莊子則猶許之以「嘗有聞」，或莊子亦頗屬意於此種「土塊」精神也？

（二）「自苦」精神

天下篇言墨翟「日夜不休，以自苦爲極」，「日夜不休」亦一種「科學界之犧牲精神」也。禹者古史中之帝王，亦古之工程師也〔註40〕，墨者奉「禹之道」，即奉工程師之犧牲精神也。墨家有此之精神，故亦頗有科學上之表現，梁任公《墨子學案》第七章云：

> 古書頗言墨子製造技巧之事，如「以木爲鳶，飛三日不集」等類（《韓非子·外儲說》，《淮南子·齊俗訓》），其信否雖不敢斷言，但墨經既

〔註38〕見林耀曾教授著《中國哲學論叢》（一）「道家中心思想之分析及其對後世之影響」一文。
〔註39〕見《中國學術通義》十一、「學問與德性」。
〔註40〕陳立夫氏著《從根救起》一書嘗述及工程師節之由來，謂即以「我國最偉大的工程師大禹的生日」——經顧頡剛考據爲六月六日爲工程師節。

如此注重科學，則工藝上之有所發明，乃當然之結果，本書第十四、
十五兩卷，有備城門至雜守，凡十一篇，皆墨子與禽滑釐問答，專論
守禦之法，其中關於建築製造之技術甚多，此十一篇名詞古奧，文義
艱深，其難讀與墨經等，雖不能盡索解，但因此可見墨家科學之一斑
了。

殆莊子所謂「墨翟、禽滑釐之意則是」，其「意」或指其為科學之犧牲「精神」
乎？故又謂之「真天下之好也」。

（三）「天地」精神

天下篇莊周自道：「獨與天地精神往來，而不敖倪於萬物。」成疏云：「敖
倪，猶驕矜也。抱真精之智，運不測之神，寄迹域中，生來死往，謙和順物，
固不驕矜。」能以精神與天地往來，寄於至高之境（此用王先謙《莊子集解》）
與物無競而不驕矜於人，則此必已「袪除個人一切利害得失觀念」，亦具備從
事科學研究之「孤往」精神也。

然則，胡適之既以為「莊子是知道進化的道理」，若胡氏能進一步研究莊
子之科學精神，當不致於又有「（莊子）卻實在是守舊黨的祖師，他的學說實
在是社會進步和學術進步的大阻力」〔註41〕之誤解矣？

天下篇之價值除上述外，又可據以分別道家與道教之迥異。亦略及之。

「道教和道家在思想上實在不是相同的」，此林師耀曾之所說也，其言云：

莊子所說的神人，只是莊子在理想上道德修養達到最高境界，而超
出時空，不受一切牽制拘束，絕對自由逍遙的人。不是道教所說的
那種白日飛昇，呼風喚雨，神通廣大，法力無邊的神仙。〔註42〕

師說是也。世俗之混道家與道教為一談者，或以莊書中寫神人、真人等每見
「參差諔詭」之故，是以《雲笈七籤》卷三道教所起一項，即直謂「道教蓋
源於莊子，或自老子始」。實則吾人如就天下篇亦知二者究有分際也。今人陳
啓天氏以為「至人、神人、聖人與真人等名詞，均指具有天地精神的人，沒
有大分別……此種（天地）精神境界可以說是『玄之又玄』，類似一種宗教的
神祕精神，但宗教的神祕精神，多有賴於神的啓示，而莊子的天地精神，則
只須道的體驗而已」。〔註43〕道教基於宗教迷信，而道家崇尚自然，體驗自然，

〔註41〕見胡適著《中國古代哲學史》，頁 133。
〔註42〕同「註38」。
〔註43〕見《中國政治哲學概論》，頁 244～246。

使其「道德修養達到最高境界」，一爲「迷信道派」，一爲「智慧道派」〔註44〕，其間之不同，不亦判然乎！

　　天下篇之所以明乎莊周及道家之「本來甚正」者，其備乎；使後世詹詹之人旦暮得此，而中心疑訛當可渙然冰釋也，則其有功於後世也，亦學術思想之「副墨」非乎？而天下篇「內聖外王」觀念之形成，幾有終古不忒之勢，則又後世學術思想之「道樞」也，誠非弔詭之說也！

〔註44〕宋稚青譯《老莊思想與西方哲學》第二章道家（頁13）。

結　語

　　夫戰國之時，仁義之端，是非之塗，樊然殽亂，莊周以命世聖哲，生乎其間，目擊天下大亂，親聞百家蝍蟷，欲有所言乎？而嘗見以堅白之鳴者，亦以堅白之昧終矣；寧無言乎？而又何以與世俗處，又何以與眾適哉？此莊周所以處夫言與不言之間者也。寓言十九、重言十七，似莊周之言也，而終身言，未嘗言也，今所見〈逍遙遊〉以下三十二篇是也；巵言日出，是非無主，曠然無懷，通以平意說，似非莊周之言也，而終身不言，未嘗不言，則今所見〈天下〉一篇之莊語是也。是知莊周其言，不得已也，其不言，亦不得已也，此後世之學者以爲莊子書之所以「微言幼眇」者乎？然而，莊周之本宗固乘道德而浮游者也，安能累乎似之而非也，此則吾人自天下篇之評論天下之道術，倘能好學深思，心知其意，卒亦能獲窺其所以「條達而福持」之崖涘者焉；前列各章所述，即其柢也。

　　蓋天下篇之所以能與莊子內、外、雜諸篇相得相發，而脈絡通貫者，當以莊子之無爲自適及與物俱化之大道，其意則諸篇有之，其言則天下篇約而明之；諸篇大率皆寓言也，得此莊語，乃知其中固有相反而相成，如貌若攻擊仲尼而實陰助之之例是也。天下篇又可含攝道家學說與百家思想，以諸子莫不以悅古之道術相標榜，而天下篇歷敘其精要，諸子百家遂若網在綱，而莊子之所以達道者益明矣。

　　讀其書欲知其人論其世，古今方內之情所同然也。天下篇之作者及時代，吾人雖就其體例、章法、文句等歷代學者之學說，知其非莊生莫能爲，然較可取徵者，宜在乎其中心思想與內篇（尤其〈逍遙遊〉與〈齊物論〉）之一致性，故知此一讚論「天下之治方術者多矣」之天下篇，當在莊生晚年體道有

得之時所作也，而又自謙之，以爲未之盡，乃充實不已，期以躋於「至人無己，神人無功，聖人無名」與夫「至譽無譽」之境界，與關老皆未至於極者，亦莊生之道之所以大也，則此篇作者誰屬，萬世之後欲知其解，非心知莊生自道其志則弗由也。

　　莊子之思想，正統之道家思想也，觀其論列各家之方術可知已。諸子莫不悅乎古之所謂道術，然究其實也，又悉屬天下之方術也，皆不合於古之所謂道術也；顧莊子並未特定其自是之標準，咸聽其因道自爾而已，其所評者雖有詳略於其間，亦猶衆竅之自鳴，以吹萬不同，咸其自取者也。此莊子齊物之態度，亦道家齊物之思想也。章太炎先生云：「道若無岐，宇宙至今如摶炭，大地至今如熟乳已。」（見《國故論衡》原道下篇）莊子於天下篇論道之所自，其要本之所歸可知，從而莊子評論之道亦可知也。惟吾人籀頌天下篇有道，既須出入歷代重要之注疏，更須得意而忘言，否則或將化莊生神奇之大道，而爲臭腐之糟魄矣夫？

　　昔之論諸子之篇章多矣，而莊子因循大道之餘，又以其「平意」陶鑄天下一篇，乃能執天下學術之牛耳，尤以論說諸子之淵源，以爲或出於王官（如所謂儒家），或出於帝禹（如所謂墨家），或出於古之道人（如彭、田等），尤見精確允當，蓋古之道術本無所不在，在王官則出於王官，在帝王則出於帝王，而在道人則出於道人……，此莊生之道之大用，洵非一般之目論所能及也。

　　莊子之論我、論人、論物、與論道，既如老子之法自然而天道之無爲，乃都任其自爾矣，何以又與「悲夫」之歎於楮墨之間乎？豈非遁天之刑也？是不然。徐无鬼篇載南伯子綦之言曰：「嗟夫！我悲人之自喪者，吾又悲夫悲人者，吾又悲夫悲人之悲者，其後而日遠矣！」子玄注云：「子綦知夫爲之不足以救彼，而適足以傷我，故以不悲悲之，則其悲稍去，而泊然無心，枯槁其形，所以爲日遠矣。」則天下篇所謂「悲夫」者，亦欲內修其心，充實不已，然後以不悲悲之耳，非世俗好惡內傷之悲也；意者「悲夫」之意，實與「各守其分」所謂「寬容」者近似，而可歸老子「常寬容於物，不削於人」之「要本」焉。然則，悲與不悲，甚難言也，其「言與不言之間」之類歟？故謂天下篇「憂世立言苦心可以概見」（劉鳳苞《南華雪心編》），或謂「莊子拯世，非忘世，其爲書求入世，非求出世」（錢穆氏《莊子纂箋》），皆天下篇「悲夫」之注腳，亦莊子之道之流露也。

　　然則，莊子理想之道果惡乎在？天下篇「內聖外王之道」是已；內聖外王之道，天下篇之大本大宗，亦莊子之大本大宗也，而宋人云：「莊子亦曰『墨子之心則是也，墨子之行則非也』，推莊子之心以求其行，則獨何異於墨子哉？」（王安石《莊子論》）按天下篇所謂「天下大亂」者，天下之人心大亂也，莊子心知其意，特以內聖開其宗（逍遙遊），以為此乃「外王」（應帝王）之本也；其「不能行」則奈當日之治民者，內而不聖，故外而不王何？觀天下篇內聖外王之道之體大而思精，則墨子何與焉？此亦「內聖外王」之觀念，其影響之大，所以古今學問之立名，必同乘其餘蔭者也。又歷來對於莊學之誤解，亦可援天下篇之精神以化之，而由天下篇以索莊子之深閎也。

　　錢賓四先生云：「處衰世而具深識，必將有會於蒙叟之言。」（《莊子纂箋》序目）其說是也。要之，吾人若缺乏道家之「慧根」，或有偏曲之見，或懷小成之言，則讀逍遙遊等篇，其流必馴至於反人情，乖世俗，此魏晉以下「七賢」「八達」所由生，皆第知莊生之所言，而不知莊生之所不言者也；然而，使天下之人，試讀天下篇，而有悟於莊生道德之真義，將悚然驚，怵然悲，而思發憤以濟天下矣。此尤以今日道心日喪、物慾橫流之世界為然也！

參考書目舉要

（一）經子注疏箋釋

1. 《十三經注疏》，阮元校勘本，臺北：宏業書局，民國 60 年 9 月。

2. 《莊子集成初編》(輯有南華眞經五卷等六十四種)·《莊子集成續編》(明劉辰翁莊子南華眞經點校三卷等計七十四種)，嚴靈峰編，臺北：藝文印書館，民國 61 年～63 年 12 月。

3. 《百大家評註莊子南華經（原名：南華眞經評註十卷)》，歸震川先生批點，湘綺老人輯評，臺北：宏業書局，民國 58 年 6 月。

4. 《莊子因》，林雲銘評述，臺北：蘭臺書局，民國 58 年 6 月。

5. 《莊子解》，王夫之撰，臺北：廣文書局，民國 53 年 1 月。

6. 《莊子集釋》，郭慶藩輯，臺北：世界書局，民國 63 年 9 月。

7. 《莊子集解》，王先謙撰，臺北：臺灣商務印書館，民國 56 年 5 月。

8. 《莊子詮詁》，胡遠濬著，臺北：臺灣商務印書館，民國 56 年 1 月。

9. 《讀莊子天下篇疏記》，錢基博著，臺北：臺灣商務印書館，民國 56 年 9 月。

10. 《莊子天下篇校釋》，譚戒甫校釋，臺北：新文豐出版股份有限公司，民國 68 年。

11. 《莊子天下篇講疏》，顧實著，臺北：臺灣商務印書館，民國 65 年 6 月。

12. 《莊子纂箋》，錢穆著，臺北：三民書局，民國 58 年 6 月。

13. 《莊子校釋》，王叔岷著，臺北：臺聯國風出版社，民國 61 年 3 月。

14. 《莊子新釋》，張默生著，臺北：樂天出版社，民國 60 年 9 月。

15. 《新譯莊子讀本》，黃錦鋐註譯，臺北：三民書局，民國 63 年 1 月。

16. 《荀子集解》，王先謙撰，臺北：藝文印書館，民國 66 年 2 月。

17. 《韓非子集解》，王先愼著，臺北：藝文印書館，民國 63 年 4 月。

18. 《呂氏春秋》，高誘注，臺北：藝文印書館，民國 63 年 1 月。

19. 《淮南鴻烈集解》，劉文典著，臺北：粹文堂書局。

20. 《列子注釋》，張湛注，臺北：華聯出版社，民國 55 年 5 月。

（二）歷史‧學術思想史

1. 《史記》（據金陵局善本點校），司馬遷撰，臺北：明倫出版社，民國 61 年 1 月。

2. 《漢書》（據汲古本等五種校勘），班固撰，臺北：明倫出版社，民國 61 年 3 月。

3. 《中國學術思想變遷之大勢》，梁啓超著，臺北：中華書局，民國 66 年 8 月。

4. 《國史大綱》，錢穆著，臺北：國立編譯館，民國 49 年 1 月。

5. 《中國文化史》，柳詒徵編著，臺北：正中書局，民國 59 年 5 月。

6. 《中國古史研究（古史辨）第四冊諸子叢考》，顧頡剛主編，民國 59 年。

7. 《中國上古史論文選輯（第二冊）》，臺北：臺聯國風社，民國 56 年 1 月。

8. 《中國哲學史》，馮友蘭著（書末載有胡適「致馮友蘭書」等附錄；唯缺版權頁）。

9. 《中國哲學史》，謝无量，臺北：中華書局，民國 58 年 9 月。

10. 《中國思想史》，錢穆著，臺北：學生書局，民國 66 年 4 月。

11. 《中國學術思想大綱》，林尹著，臺北：學生書局，民國 62 年 10 月。

12. 《中國哲學史話》，張起鈞、吳怡著，（著者自印），民國 59 年 1 月。

13. 《中國政治哲學概論》，陳啓天著，臺北：華國出版社，民國 40 年 6 月。

14. 《先秦諸子學》，嵇哲著，臺北：樂天出版社，民國 60 年 9 月。

15. 《先秦諸子繫年》，錢穆著，香港大學出版社，民國 55 年。

16. 《諸子與理學》，蔣伯潛著，臺北：世界書局，民國 45 年 10 月。

17. 《中國近三百年學術史》，錢穆著，臺北：臺灣商務印書館，民國 57 年 4 月。

18. 《清代思想史》，陸寶千著，臺北：廣文書局，民國 67 年 3 月。

19. 《道教史》，許地山編著，臺北：牧童出版社，民國 66 年 8 月。

20. 《中國歷代思想家》，王壽南總編輯，臺北：臺灣商務印書館，民國 67 年。

（三）國學專論‧學案

1. 《國故論衡》，章炳麟著，臺北：廣文書局，民國 56 年 11 月。

2. 《國學略說》，章炳麟撰，臺北：河洛圖書出版社，民國 63 年 10 月。

3. 《章氏叢書正續編》，章炳麟著，臺北：世界書局，民國 47 年 7 月。

4. 《國學發微》，劉師培著，臺北：廣文書局，民國 59 年 10 月。

5. 《諸子考釋》，梁啓超著，臺北：中華書局，民國 65 年 9 月。

6. 《文史通義》，章學誠著，臺北：史學出版社，民國 63 年 4 月。

7. 《中國哲學論叢》，林耀曾著，臺北：學海出版社，民國 65 年 9 月。

8. 《述學》，汪中撰，臺北：廣文書局，民國 59 年 12 月。

9. 《讀子巵言》，江瑔撰，臺北：泰順書局，民國 60 年 10 月。

10. 《原儒》，熊十力著，臺北：明倫出版社，民國 60 年 1 月。

11. 《禮學新探》，高明著，臺北：學生書局，民國 66 年 10 月。

12. 《孔學管窺》，高明著，臺北：廣文書局，民國 61 年 2 月。

13. 《中國哲學原論原道篇》，唐君毅著，香港新亞書院研究所，民國 62 年 5 月。又、臺灣學生書局民國 75 年 10 月發行全集校訂版 82 年二刷。

14. 《莊老通辨》，錢穆著，臺北：三民書局，民國 62 年 8 月。

15. 《老莊研究》，嚴靈峰著，臺北：中華書局，民國 55 年 6 月。

16. 《老子哲學》，張起鈞著，臺北：正中書局，民國 58 年 11 月。

17. 《墨子學案》，梁啓超著，臺北：中華書局，民國 60 年 3 月。

18. 《莊子哲學》，蔣錫昌著，臺北：學人月刊社，民國 60 年 1 月。

19. 《莊子衍義》，吳康著，臺北：臺灣商務印書館，民國 55 年 3 月。

20. 《莊學管闚》，王叔岷撰，臺北：藝文印書館，民國 67 年 3 月。

21. 《莊子學案》，郎擎霄著，臺北：泰順書局，民國 63 年。

22. 《莊子論文集》，陳新雄、于大成主編，木鐸出版社，民國 65 年 5 月。

23. 《老莊思想與西方哲學》，杜善牧原著（西班牙文）宋稚青譯，臺北：三民書局，民國 57 年 12 月。

24. 《莊子連詞今訓》，徐德庵著，臺北：樂天出版社，民國 59 年 5 月。

25. 《大學闡微》，柳嶽生著，臺北：學生書局，民國 67 年 10 月。

26. 《韓非子評論》，熊十力著，臺北：學生書局，民國 67 年。

27. 《淮南子論文集》，戴君仁等著，臺北：木鐸出版社，民國 65 年 1 月。

28. 《讀通鑑論》·《宋論》，王夫之撰，臺北：世界書局，民國 51 年 4 月。

29. 《歷史哲學》，牟宗三著，臺北：學生書局，民國 65 年 9 月。

30. 《才性與玄理》，牟宗三著，臺北：學生書局，民國 64 年 11 月。

31. 《偽書通考》，張心澂著，臺北：明倫出版社，民國 60 年 2 月。

32. 《司馬遷之人格與風格》，臺北：開明書店，民國 65 年 3 月。

33. 《中國訓詁學概要》，林尹編著，臺北：正中書局，民國 61 年 10 月。

34. 《新工具》，英培根原著，沈因明譯，臺北：河洛出版社，民國 63 年 10

月。

35. 《中國古籍研究叢刊》，臺北：民主出版社。

（四）期刊論文

1. 〈評胡氏諸子不出於王官論〉，繆鳳林撰，《學衡》第四期，民國 11 年 4 月。

2. 〈班馬論敍諸子流別次第各異說〉，苗可秀撰，《東北叢刊》第十二期，民國 19 年 12 月。

3. 〈原名法陰陽道德〉，馮友蘭撰，《清華學報》十一卷二期，民國 25 年 4 月。

4. 〈莊子考〉，日人武內義雄原著，王古魯譯，《圖書館學季刊》四卷二期，民國 19 年 6 月。

5. 〈讀莊初論〉，黃仲琴，《嶺南學報》第二卷第一期，民國 20 年 7 月。

6. 〈莊子考辨〉，蔣復璁，《圖書館學季刊》二卷一期。

7. 〈莊子研究歷程考略〉，甘蟄仙，《上海東方雜誌》第二十一卷第十一期，民國 13 年。

8. 〈莊子識疑〉，陳啓天撰，《東方雜誌》第三卷第十二期，民國 59 年 6 月。

9. 〈讀莊子天下篇〉，戴君仁撰，《大陸雜誌語文叢書》第三輯第一冊，民國 64 年。

10. 〈莊子天下篇作者及其評莊老優劣〉，王昌祉撰，大陸雜誌廿一卷，民國 49 年 12 月。

11. 〈莊子天下篇的作者問題〉，嚴靈峰撰，《中華文化復興月刊》四卷六期，民國 60 年 6 月。

12. 〈再論天下篇非莊周自作〉，嚴靈峰撰，《大陸雜誌語文叢書》第三輯，民國 61 年。

13. 〈莊子天下篇研究導論〉，唐亦男撰，《人生半月刊》二八二期，民國 51 年 8 月。

14. 〈由莊子天下篇闚察中國古代哲學發展之趨勢〉，梅貽寶撰，《清華學報》新四卷二期，民國 53 年 2 月。

15. 〈莊子天下篇之研判〉，張成秋撰，《中華文化復興月刊》四卷四期。

16. 〈名家廿一辯新疏〉，張鐵君撰，《學宗》四卷一期，民國 52 年 3 月。

17. 〈弁言〉，高明撰，師大《師大國文研究所集刊》第十期，民國 55 年 5 月。

18. 〈惠施評傳〉，婁良樂撰，師大《國文研究所集刊》第十期，民國 55 年 5 月。